Martin Merz

KinderAtelier

Kreativ mit Formen, Farben und allerlei Material

VERITAS

Danke allen kleinen und großen Künstlerinnen und Künstlern,

die zum Gelingen dieses Buches beigetragen haben – mit dem einen oder anderen Bild, mit einer Skulptur, einer Figur oder indem sie während der Arbeit Modell gestanden sind:

Karoline Zwicklhuber
Rafi Fürli
Marion Lachmayr
Maria Straßmayr
Vanessa Agrill

von der Volksschule Kirchberg, OÖ

Zoe Henderson
Robin Janowsky

von der PrinzHöfteSchule bei Bremen

Alex Atteneder
Alessia Lehner
Charleen Dacanay
Elias Schmidt
Lea Winter
Lorenz Haas
Lukas Leibetseder
Mario Michlmayr
Martin Schlecht
Sarah Kamleithner
Mira Weißengruber
Mona Farkas
Anika Schwödiauer
Simon Hafner
Valerie Voithofer
Lea Grafinger
Marleen Hoffmann
Tim Schiefermüller
Sebastian Felbermayr
Victoria Hertl
Emilie Mayr
Verena Raffezeder
Valentin Ondrejka

von der Steyrdorfschule, OÖ

Ilse Irauscheck
Katharina Strobl
Christiana Badegruber
Lukas Rammerstorfer
Lisa & Gert Wampera

Ein ganz herzliches Dankeschön

gehört meinen kreativen Kolleginnen von der Steyrdorfschule, Lisi Haider und Claudia Neugschwandtner, die mit Ideen, künstlerischem Tun und vor allem emotionalem Beistand meine Arbeit begleitet haben.

Ein ganz herzliches Dankeschön

gehört vor allem Agnes Weitzhofer, die dieses Buch so liebevoll gestaltet und die meine vielen Ideen und Fotos erst so richtig ins Bild gesetzt hat.

Ein ganz liebevolles Dankeschön

gehört unseren Kindern: Raphael für seinen „Mogli", der das Buch Seite für Seite begleitet, und Nelli, eigentlich heißt sie Noelle, für ihre FantasieWelt, ihre Farbenfreude, ihr kreatives Denken und Tun – und ihre Geduld beim Fotografieren!

KinderAtelier – LERNEN ist ein BUNTES MOSAIK

Wie die bunten Steine eines Mosaiks,
die sich nach und nach zu einem Bild
zusammenfinden –

wie die Steine am Fluss oder am Meer
– jeder für sich mit eigener Farbe und Form –,
die in ihrer Vielfalt ein Spiel, ein Kunstwerk
aus Bekanntem und Besonderem ergeben –

wie die Pinselstriche eines Malers,
die zueinander finden, sich ergänzen, überlagern
und sich gegenseitig inspirieren,
am Ende ein Kunstwerk zu bilden –

so entfalten sich die Wahrnehmungen und
Erkenntnisse
eines Kindes, wie eines jeden Menschen,
der noch den Einblick eines Kindes hat,
entwickeln sich weiter und ergänzen sich,
wirken auf- und zueinander
und bilden ein unvollendetes,
stetig wachsendes Gesamtkunstwerk
menschlichen Seins.

Martin Merz

KinderAtelier ist Spielraum, um etwas mal so und mal anders zu sehen, neue Wege zu finden, Neues zu entdecken und offen zu sein für Veränderungen.

Kunst
gibt nicht das Sichtbare wieder,
Kunst macht sichtbar.

Paul Klee

KinderAtelier ist Spielraum und Werkstatt für kreatives Denken, Tun und Gestalten.

KinderAtelier ist Spielraum, in dem Ideen und Bilder, Formen und Muster entstehen, in dem das Leben allerlei Farben zeigt, in dem die Welt vielerlei Muster bekommt.

KinderAtelier ist Spielraum, ist Werkstatt zum Ausprobieren für Neues.

KinderAtelier ist Freude daran zu haben, etwas Eigenartiges, Ungewöhnliches, Fantastisches in die Welt zu setzen.

KinderAtelier ist Spielraum für die eigene Spur.

KinderAtelier ist Spielraum für die natürliche Spur

Alles, was wächst, was sich bewegt, hinterlässt Spuren.

Kinder hinterlassen Spuren, bewusst oder unbewusst.

> Das Wichtigste,
> was man Kindern mitgeben sollte,
> sind Wurzeln und Flügel.
>
> *Johann Wolfgang Goethe*

Spuren eigenen Ausdrucks oder Spuren zu eigen gemachter Muster.

Spuren in großer Vielfalt und Ausdrucksform. Sie alle sind einfache oder komplexe Darstellungen von Denken und Tun, sind Dokumentationen eigener Entdeckung und Erfahrung, sind ein Spiegel von Prozessen, Entwicklung und Wachstum, von Lebensfreude oder Bedrückung.

Die Spuren zeigen Wege, öffnen Ventile und Türen, die ermöglichen, sich zu erleben, sich mitzuteilen – sich selbst und die Welt zu begreifen, das Ich mit der Welt zu verknüpfen.

> Kunst ist ein Schritt
> von der Natur zur
> Unendlichkeit.
>
> *Khalil Gibran*

KinderAtelier ist Werkstatt für Kreativität

Egal, wo sie hinkommen, Kinder finden überall eine Werkstatt für ihre Kreativität vor. Sie sehen sie einfach und werken munter drauflos. In ihrem Entwicklungsprozess ist Kreativität eine treibende Kraft. Und flexibel, wie sie sind, bewegen sie sich durch die Vielfalt ihrer Umwelt, die sie sich immer wieder neu erklären und in ihrer und mit ihrer Fantasie wieder und wieder neu zusammenbauen.

Unter vielem anderen bietet das KinderAtelier dafür besonderen Raum.

Das kann ein Raum sein, in dem Eindrücke und Erfahrungen gesammelt werden, und daraus entsteht ein Schaffensprozess.

Das kann ein Raum sein, der schützt und hilft, sich auf das Wesentliche zu konzentrieren, und in dessen Zentrum das Spiel mit eigenen kreativen Ausdrucksformen steht.

Das kann ein Raum sein, der allerlei Material, Farben, Papiere, Pappe, Holz, Stoff … bietet, mit denen gestaltet werden kann.

Das KinderAtelier ist vor allem ein Raum, den Kinder – und auch Erwachsene – für ihre Entdeckungslust, ihren Forschergeist und ihre vielfältige Schaffensfreude nützen.

> Kunst
> kennt keine Erfahrung
> und keine Ableitung.
> Sie setzt sich
> mit dem Unbekannten
> in Beziehung.
>
> *Willi Baumeister*

Das KinderAtelier ist vor allem ein Raum, der die Kinder zu ihren eigenen Mustern und Strukturen, zu ihren eigenen Bildern, zu ihrer inneren Spur führt.

INHALTSVERZEICHNIS

EINFACHE SACHEN & FIGUREN AUS STANGEN, BRETTERN UND ASTHOLZ

Das Wertvollste
im Leben
ist die Entfaltung
der Persönlichkeit
und ihrer schöpferischen
Kräfte.

Albert Einstein

Geht man mit offenen Augen in die Natur hinaus, so entdeckt man allerlei Schönes und Nützliches und kann sich seine Spielsachen selber machen.

Astholz findest du in vielen Arten und Formen. Daraus kannst du die unterschiedlichsten Sachen gestalten.

Indianerstab vom Haselnussstrauch

Aus geraden Holzstangen kannst du wie ein Indianer kunstvolle Stäbe machen. Verwende dazu am besten einen frischen Zweig von einem Haselnussstrauch, etwa so dick wie zwei Finger.

Aber Achtung: Eine Pflanze ist ein Lebewesen und möchte nicht wild zusammengestutzt werden! Nimm also nur einen oder zwei Äste, sodass der Strauch noch gut weiterwachsen kann.

Mit dem Taschenmesser ritzt du vorsichtig Muster in die Rinde. Drücke die Schneide des Messers in die weiche Rinde und zieh vorsichtig eine Schneidlinie. Jede Linie besteht aus zwei parallelen Schnitten. So kannst du die Rinde einfach abziehen und zwischen den Schnitten kommt das helle Holz zum Vorschein. Auch Zickzack- oder Schlangenlinien, Kreuze oder Dreiecke kannst du recht leicht gestalten.

Material:

frisches, gerades Astholz,
Säge, Taschenmesser,
Handbohrer,
Naturmaterial, Garn oder Lederbänder,
Perlen und Federn zum Verzieren

Hast du genügend Muster geritzt, kannst du den Stab noch mit Bändern, Perlen und Federn schmücken. Willst du sicher sein, dass die Bänder gut befestigt sind, so kannst du einen Kleber verwenden. Oder du bohrst mit einem kleinen Handbohrer ein Loch in den Indianerstab und fädelst die Bänder durch.

Figuren aus Astholz

Sammle im Wald Aststücke von verschiedenen Sträuchern oder Laubbäumen. Säge Aststücke ab, so dick wie zwei Finger und etwa zehn Zentimeter lang. Besonders interessant wird dein Völkchen, wenn du Aststücke von verschiedenen Sträuchern oder Bäumen nimmst. Die rotbraune oder weiße Birkenrinde und die dunkle Haselnussrinde machen sich besonders gut.

Material:
gerades Astholz,
Säge, Holzfeile,
kleiner Handbohrer, Holzleim,
Naturmaterial, Leder, Wolle, Stoff

Mit der Holzfeile rundest du das eine Ende des Aststücks ab. Dann feilst du in zwei oder drei Zentimeter Abstand eine Kerbe für den Hals rundherum. Der Kopf wird entrindet. Für die Nase nimmst du ein dünnes Ästchen oder ein Stück Streichholz. Bohre mit dem Handbohrer ein kleines Loch, in das du die Holznase mitten ins Gesicht stecken kannst.

Bekommt die Holzfigur noch Haare, so streichst du auf den Kopf etwas Holzleim und klebst Haare aus Wolle oder Flechten an. Für die Kleidung nimmst du Lederreste, Stoff oder Maisblätter. Ein Gürtel lässt sich gut aus einem Lederstreifen schneiden, es passt aber auch ein Stück Wolle oder Bindfaden. Einen Umhang bekommt die Figur aus einem rechteckigen Stück Stoff, Leder oder einem Maisblatt.

Nun steht ein kleiner Waldgeist, Räuber oder Wichtel vor dir.

Kegelspiel

Hast du viele Figuren geschaffen, kannst du sie auch als Spielfiguren verwenden. Für ein Kegelspiel zum Beispiel stellst du neun Figuren im Quadrat auf und mit einer Holzkugel versuchst du, möglichst viele zu treffen.

Material:

möglichst gerade Holzstangen, dünne Lianen, lange Gräser, Taschenmesser, eventuell eine Heckenschere, bunte Dispersionsfarbe für den bunten Stangenzaun

Holzstangenzaun

Ohne großen Aufwand kannst du eine Zwergenstadt oder in deinem Waldlager einen Zaun aus Holzstangen bauen. Das machten schon die Bauern in den Bergen vor vielen, vielen Jahren.

Sammle gerade Äste, dünne Lianen oder lange Gräser. Stecke die Äste in die Erde. Jetzt kannst du die Lianen oder Gräser um die Holzstangen flechten. Wichtig ist, dass die beiden äußersten Äste am stärksten sind und besonders gut in der Erde stecken.

Damit der Zaun stabil wird, machst du ein paar Flechtreihen unten, in der Mitte und ein paar oben. Wenn du vom Boden weg bis oben dicht flichtst, entsteht sogar eine Naturwand.

Bunter Holzstangenzaun

Für dein Blumenbeet im Garten oder um deine Hängematte, dein Gartenhäuschen, deine Sitzecke ... abzugrenzen, kannst du solch einen Zaun zu Hause oder im Schulhof aufstellen. Ein Kinderzaun kann auch richtig bunt sein, oder?

Streiche zuerst die Zaunstangen mit Dispersionsfarbe an. Ist die Farbe getrocknet, steckst du die Stangen in die Erde.

Lattenzaun mit allerlei Gesichtern

Eigentlich sind Zäune eher etwas Lästiges. Wenn sie aber bunt gestaltet sind, machen sie durchwegs auch Freude – und zwar nicht nur beim Bauen. Ein Lattenzaun mit allerlei Gesichtern passt sicher in jeden Pausenhof und bringt Farbe und Freude hinein.

Material:

Holzlatten, etwa 120 cm lang und 8–12 cm breit,
2 Dachlatten, um die bunten Zaunbretter zu verbinden,
Holzbretter, etwa 12–15 mm dick, Holzreste,
Säge, Schraubenzieher, Schrauben, Bohrer,
Dispersionsfarbe, wasserfester Holzleim

Die Holzlatten werden einfärbig, bunt oder mit Mustern bemalt. Lass dir von einem Erwachsenen Figuren, Köpfe, Tiergesichter, Blumen … aus den Holzbrettern aussägen und an die Latten festschrauben. Nun bemalst du sie mit der Dispersionsfarbe.

Für die Erwachsenen:

Stichsäge,
Bohrmaschine,
Akkuschrauber

Sind die Farben trocken, so legst du die beiden Dachlatten parallel auf und schraubst die bunten Bretter durch vorgebohrte Löcher daran fest.

Kantholz-Leute

Kanthölzer sind die im Sägewerk eckig zugeschnittenen Holzstangen. Es gibt sie in allerlei Größen und Holzstärken, von dünnen Stäbchen bis zum Holzbalken, der sogar ein Hausdach tragen kann. Die Arbeit mit Kanthölzern ist einfacher, weil man sie wegen der geraden Form gut miteinander verbinden kann.

Material für eine Figur:

Kantholz (70 cm lang, 10 cm breit, 10 cm stark),
3 m Dachlatten, Holzreste,
wasserfester Leim und Schraubzwingen, Bohrer und Holzschrauben,
Säge, Raspel, Schleifpapier,
Dispersionsfarbe oder wetterbeständiger Lack

Aus dem dicken Kantholz werden Kopf und Körper der Figur gemacht.

Miss vom oberen Ende des Kantholzes etwa 20 cm für den Kopf ab. Dort raspelst du mit der Holzraspel eine etwa 4 cm breite und 2 cm tiefe Kerbe für den Hals.

Für die Beine schneidest du vom dünneren Kantholz zwei Stücke mit 80 cm Länge ab. Die leimst du so links und rechts an den Körper, dass sie etwa 15 cm lang am Körperholz anliegen und dadurch gut halten. Mit der Schraubzwinge werden die beiden Hölzer zusammengehalten, bis der Leim fest ist.

Für die Arme schneidest du vom dünneren Kantholz zwei Stücke mit je 50 cm Länge ab. 3 cm vom Ende weg bohrst du ein Loch und schraubst die Arme an den Schultern nicht ganz fest. So sind die Arme beweglich.

Aus Holzresten bastelst du Nase, Ohren, Augen, Knöpfe und Mund und leimst die Teile gut an. Ist der Leim getrocknet, kannst du beginnen, die Kantholzfigur mit Farbe und Borstenpinsel zu bemalen.

Tiere & Ungeheuer aus Schwemmholz

Wenn man in der Nähe eines Flusses lebt, findet man an den Ufern oder in den Auwäldern viele Holzstücke, die der Fluss mitgeschleppt und angeschwemmt hat. Besonders nach einem Hochwasser ist die Ausbeute an kunstvollem Naturmaterial groß.

Diese Fundstücke erzählen nicht nur eine ganz eigene Geschichte, ihr Anblick regt zum Fantasieren an. Da sind ausgespülte und abgeschliffene Astlöcher, manchmal steckt ein rostiges Stück Eisen darin, manche sind angebrannt, in anderen haben sich Steine festgesetzt.

Wo kommen sie bloß her? Wofür wurden sie einmal verwendet? Kann man da nicht gar ein Bild oder ein Gesicht erkennen? – Viele solche Fragen tauchen auf, wenn Kinder auf Sammelerkundung gehen.

Wie gesagt, diese Holzstücke stellen an sich bereits Kunstwerke dar. Aber natürlich kann man sie noch weiter gestalten.

Material:

allerlei Schwemmholzstücke,
Dispersionsfarbe oder mit Wasser verdünnbarer Lack,
breite und schmale Pinsel, Wasserbecher,
Maltücher zum Reinigen,
Bleistift zum Vorzeichnen der Muster

Betrachte zuerst das Schwemmholzstück gut. Was kannst du darauf entdecken? Hat es bereits besondere Muster? Hat es gar schon ein Auge oder sieht es wie ein besonderes Tier aus?

Skizziere oder zeichne nun mit dem Bleistift ein Muster, ein Gesicht, Augen, Zähne … auf das Schwemmholz. Überlege dabei gut, wo Farbe hin soll und was so bleiben soll, wie es von Natur aus ist. Beginne beim Bemalen mit der hellsten Farbe und male alle Stellen an, die du dir in dieser Farbe denkst. Male die angrenzende Farbe erst, wenn die erste bereits trocken ist. Nach und nach wird aus dem Fundstück ein ganz und gar besonderes Wesen entstehen!

Der Taka-Tuka-Turm

Material:

Schwemmholz, also dicke Pfosten und dünnere Äste,
Spaten, Schotter, Säge, Bohrmaschine, Akkuschrauber,
lange Schrauben, eine Leiter,
bunte Tücher, Bänder, Garn und Nadeln, Reißnägel

Einen Taka-Tuka-Turm baut höchstens Pippi Langstrumpf alleine. Du solltest dir jedenfalls Freundinnen und Freunde und auch erwachsene HelferInnen für diese Arbeit suchen.

Zuerst gräbst du die Löcher, in die die dicken Pfosten gesetzt werden. Stell einen Pfosten ins Loch und schütte rundum Schottersteine und Erde hinein. Stampf fest darauf, damit der Pfosten gut steht und nicht wackelt.

Sind alle Pfosten eingepflanzt, schraubst du die Verbindungsäste an. Dazu muss in den Ast zuerst ein Loch gebohrt werden. Dann steckst du die Schraube hinein und schraubst sie mit dem Akkuschrauber am Pfosten fest. Dort, wo der Ast den nächsten Pfosten erreicht, bohrst du wiederum ein Loch, steckst eine Schraube durch und schraubst ihn an den anderen Pfosten fest. So verbindest du Stück für Stück die Pfosten und es entsteht ein ganz besonderes Bauwerk, wie es sonst nur im Taka-Tuka-Land stehen kann.

Wichtig dabei ist, dass du dir die Holzstücke gut anschaust und dir dabei überlegst, an welche Stelle welcher Teil am besten passen würde. Denn Schwemmholz ist mal krumm, mal dick, mal löchrig … Diese Besonderheiten sollst du bei dieser Naturarchitektur natürlich berücksichtigen.

Vom Taka-Tuka-Turm stehen jetzt da und dort Äste weg, daran lassen sich bunte Fahnen befestigen. Nähe Schlaufen oder Bänder an die Stofffahnen und binde sie an die Äste. Eine einfachere Möglichkeit ist, die Stoffstücke bloß mit Reißnägeln festzumachen. Dann wehen aber die Fahnen nicht so schön im Wind.

Totempfähle

Die Indianer und viele andere Naturvölker bauten Skulpturen, die unterschiedliche Bedeutung hatten. Sie spendeten ihnen Kraft, erinnerten an ihre Vorfahren, waren Symbole und besondere Zeichen ihrer Gemeinschaft. Vielleicht hast du mit deinen Freundinnen und Freunden schon einmal ein Indianerdorf gebaut oder versucht, so zu leben. – Bau einen Totempfahl nach deiner Fantasie!

Material:

ein dicker Holzpfosten ohne Rinde, etwa 150 cm lang und 15 cm dick,
Dispersionsfarbe oder mit Wasser verdünnbarer Lack,
mehrere Borstenpinsel, Wasserbecher und Putztücher

Zeichne zuerst mit einem weichen Bleistift die Konturen, die Umrisse der Muster und Bilder auf den Holzpfahl. Beginne beim Bemalen mit den hellen Farben und male alle hellen Stellen an. Achte darauf, dass die Farbe bereits trocken ist, wenn du mit der nächsten Farbe daneben malen möchtest. Im Freien trocknen die Farben sehr rasch. Das musst du bedenken, wenn du einen Pinsel weglegst. Gib ihn daher immer gleich ins Wasserglas und wasche ihn aus. Mit dunkler Farbe kannst du leicht über helle Farbe drübermalen. Umgekehrt geht das nur schlecht. Nach und nach bekommt dein Totempfahl immer mehr Farbe und Leben.

Material:
rohe Sägewerkbretter, die an der Fläche gehobelt sein sollen, Holzlatten als Stütze, Bleistift oder schwarzer Farbstift, weiße Dispersionsfarbe, bunte Dispersionsfarbe oder Acrylfarbe oder mit Wasser verdünnbarer Lack, verschiedene Borstenpinsel, Wassergefäße, Putztücher

Malerei in der Landschaft – Kunstwerke, Holzfiguren und Gespenster

Die Malerei auf Holz ist viel älter als die auf Leinwand. Alte Kirchenbilder wurden auf Holztafeln gemalt. Da diese aber sehr schwer waren, wurde die Leinwandmalerei erfunden.

Unsere Holzbilder und Holzfiguren sind auf einfachen Holzbrettern gemalt, wie sie im Sägewerk zuallererst geschnitten werden. Dadurch sind die natürlichen Ränder und Rindenteile zu sehen. Das macht unsere Bilder und Figuren noch interessanter.

Zuerst grundierst du die Malfläche. Das heißt, du malst die Holzfläche, die später bemalt wird, mit weißer Dispersionsfarbe an. Lass aber die Ränder frei. Dein Bild wirkt so besser.

Bevor du beginnst, Muster zu zeichnen, schau dir das Holzstück gut und genau an. Vielleicht kannst du das natürliche Holzmuster weitergestalten. Skizziere oder zeichne mit dem Stift ein Muster, verschiedene Formen oder Bilder auf.

Nimm einen Borstenpinsel und male nun alle Teile des Bildes, die hell sein sollen, mit einer hellen Farbe an. Nimm eine dunklere Farbe und male die nächsten Stellen an. Pass auf, dass sich die Farben nicht mischen. Dazu wartest du ab, bis die Nachbarfarbe trocken ist.

Wenn du mit allen Farbflächen fertig bist und die Farben trocken sind, kannst du mit einen dünnen Bostenpinsel und schwarzer Farbe die Konturen, also die Umrisse, der Farbfelder umrahmen. So wirken die Farben kräftiger und kommen besser zur Geltung.

DRAHT & METALL

> Kunst
> ist schön,
> macht aber viel Arbeit.
>
> *Karl Valentin*

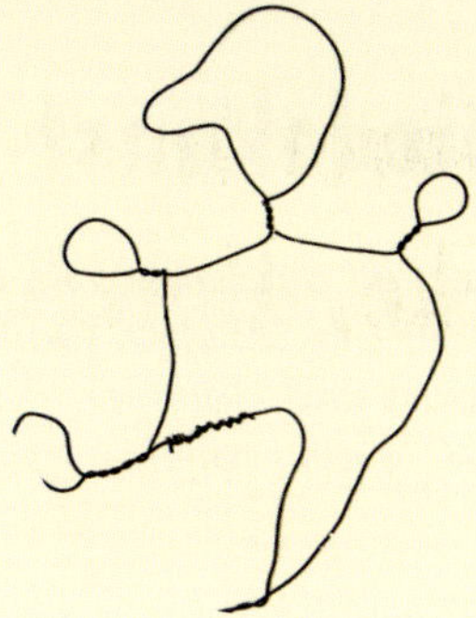

Die Metallgewinnung und -bearbeitung zählt zu den bedeutenden Erfindungen der Menschheit und hat ihre Entwicklung stark beeinflusst. Durch Schmelzen ist es den Menschen bereits vor Tausenden Jahren gelungen, die Metallbestandteile des Gesteins herauszulösen. Mithilfe großer Hitze konnte das Metall geformt und geschmiedet werden. Fertige Metalle findest du heute überall im Alltag.

Es gibt unterschiedliche Arten von Metallen, harte und weiche. Das hängt vom jeweiligen Material ab und wie es hergestellt, also geschmiedet wurde. Die meisten Metallgegenstände sind eine Mischung aus mehreren Metallen und haben daher unterschiedliche Eigenschaften.

Aluminium ist zum Beispiel silbrig hell, sehr weich und leicht.

Eisen ist fast schwarz, hart, schwer und rostet, wenn es feucht wird.

Kupfer hat eine besondere orangebraune Farbe, ist weich und biegbar. Wenn es feucht wird, bekommt es eine grünliche Farbe. Das heißt, es oxidiert.

In diesem Kapitel kannst du dich auf die Suche nach verschiedenen einfachen Formen der Metallbearbeitung machen.

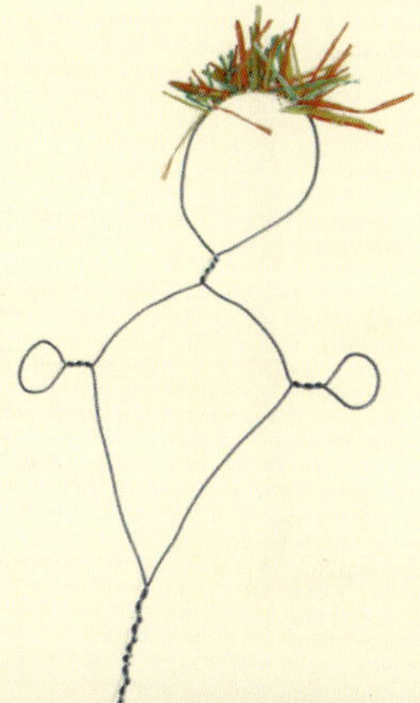

Material:

Amboss – wenn einer zu finden ist
(ein dickes Eisenstück oder ein Teil eines Eisenträgers geht in diesem Fall auch),
Hammer, Kombizange, Beißzange oder Seitenschneider, Rundzange,
Kupferdraht und Messer,
Lederband oder Bindfaden für den Anhänger

Schmiedekunst

Beim Erforschen des Lebens im Mittelalter schauten wir einem richtigen Schmied über die Schulter. Ganz fasziniert von der Arbeit mit glühendem Eisen, Amboss und Hammer, richteten wir in der Forscherecke der Klasse eine Schmiede ein – allerdings eine Kaltschmiede.

Den Kupferdraht bekommt man als Elektrodraht mit Kunststoffmantel im Elektrogeschäft oder im Baumarkt. Zuerst wird der Draht mit dem Messer geschält. Dabei sollte dir besser ein Erwachsener helfen.

Anhänger

Für einen Anhänger nimmst du einen Draht mit etwa 3 mm Stärke und 15 cm Länge. Du fasst ein Ende des Drahtes mit der Rundzange und biegst den Draht um die Rundung der Zange herum. So entsteht ein kleiner Ring, der die Mitte des Anhängers bildet. Jetzt biegst du den Draht etwas lockerer weiter um dieses Ringlein wie bei einem Schneckenhaus.

Am anderen Ende des Drahtes wird wiederum ein Ringlein gebogen, damit der Anhänger später an ein Band aus Leder oder einen Bindfaden gehängt werden kann.

Halte nun das Schmuckstück mit der Kombizange so an den Amboss, dass es gut aufliegt – Zange und Hand aber nicht! Mit dem Hammer klopfst du den Draht nach und nach flach.

Solche Anhänger machen sich nicht nur als Halsschmuck sehr gut, in unserer Schmiedewerkstatt entstanden Lesezeichen aus Draht, Christbaumschmuck, Zettelhalter und vieles mehr.

Armreifen

Der Armreifen wird aus einem dickeren Kupferdraht hergestellt. Daher brauchst du dazu schon einiges an Kraft – sowohl zum Biegen als auch zum Flachschmieden!

Je nach Handgelenk brauchst etwa 20 cm Draht mit einer Stärke von 4–6 mm. Zum Schmieden eignet sich ein richtiger Amboss mit Rundteil oder ein dickes Eisenrohr, das gut am Tisch befestigt ist. Den Armreifen legst du um das Rohr und bearbeitest ihn mit dem Hammer, bis er flach ist – der Armreifen natürlich. An den Enden feilst du scharfe Kanten ab. – Fertig!

Geflochtener Armreifen

Drei Stück Kupferdraht werden wie ein Zopf geflochten. Dazu brauchst du die Hilfe einer zweiten Person, die die drei Drahtenden mit einer Kombizange gut festhält. Nun kannst du einen Drahtzopf flechten. Zum Schluss biegst du die Drahtenden rund.

Mit Hammer und Amboss „schmiedest" du wiederum das geflochtene Draht-Zopf-Band flach und biegst es zu einem Armreifen.

Bist du mit einer Schmiedearbeit fertig und greifst das Schmuckstück mit der Hand an, so machst du sehr interessante Entdeckungen:

- *Das Metall ist ganz warm, manchmal sogar heiß geworden! Denn der Druck des Hammers beim Draufschlagen erzeugt Wärme, also Energie.*
- *Außerdem lässt sich das flache Schmuckstück jetzt nur schwer verformen.*

Material:

ummantelter Elektrodraht,
Beißzange oder Seitenschneider, Kombizange,
Bast, Stoffstreifen oder Krepppapierbänder zum Verzieren

Geister & Figuren aus Draht

Draht ist meist leicht zu biegen und daher gut formbar. Du bekommst ihn in jeder Eisenhandlung und in jedem Baumarkt.

Es gibt Draht aus verschiedenen Metallen, da er zu verschiedenen Zwecken verwendet wird. Kupferdraht wird für elektrische Leitungen benützt, Aluminium- und Eisendraht wird zum Beispiel im Garten für Zäune verwendet. Es gibt Draht in allerlei Dicke, mit Kunststoffhülle oder ohne.

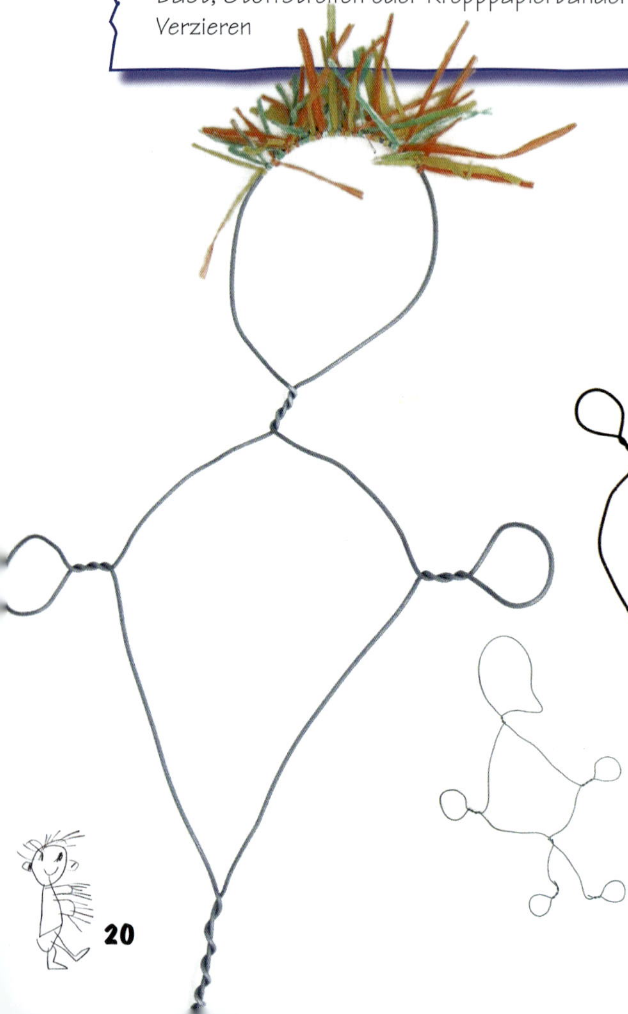

Für eine große Figur brauchst du etwa drei bis vier Meter Draht, bei kleineren genügen schon eineinhalb bis zwei Meter. Du beginnst mit dem Kopf: Biege in der Mitte des Drahtstückes eine Rundung, etwa so groß wie ein Kuchenteller. Biege den Draht zu einem Hals zusammen – du darfst der Figur ruhig ein paar Mal den Hals umdrehen. Biege beide Teile zu Schultern und Armen auseinander. Die Hände machst du entweder kreisrund oder du versuchst sogar, Finger zu biegen. Das geht aber nicht so leicht. Von den Händen biegst du den Draht wieder zum Körper und abwärts zum Fußteil. Dort werden die beiden Drahtenden miteinander verdreht.

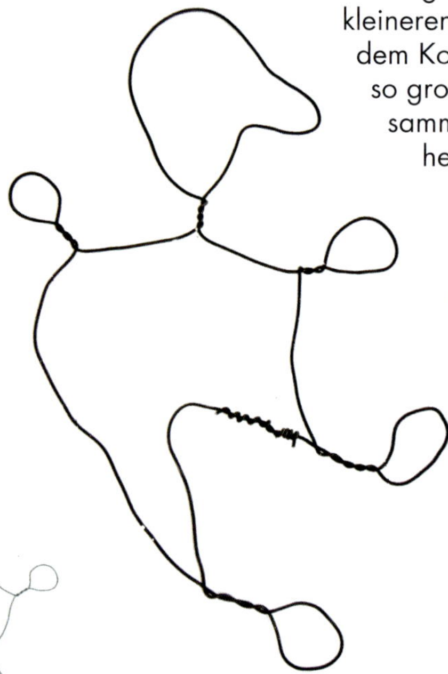

Nun ist deine witzige oder gespensterhafte Figur fertig. Mit Bast, bunten Bändern aus Stoff oder Papier kannst du die Figur noch weitergestalten.

Regenrohr mit Nägeln

Mit Fantasie und kreativem Geschick kannst du viele Musikinstrumente selber machen. Ein Regenrohr kann die Melodie des Regens nachbilden und ist ganz einfach herzustellen.

Papprohre sind meistens Verpackungsmaterial oder der Innenteil von Papier- oder Stoffrollen. Du bekommst sie zum Beispiel in Druckereien. Oft liegen sie auch im Altpapierbehälter.

Lege das Papprohr auf den Tisch oder Boden und bitte ein Kind, dass es das Rohr festhält. Schlage nun mit dem Hammer eine Reihe Nägel im Abstand von 2 cm wie bei einer Wendeltreppe in das Papprohr.

Für den Deckel und den Boden schneidest du runde Plättchen aus festem Papier oder Karton aus und klebst eines mit dem Kreppklebeband an den Boden des Regenrohres.

Fülle das Regenrohr mit Reis, Grieß, Bohnen oder Sand und klebe die zweite Öffnung mit dem anderen Kartonplättchen zu. Probier aus, wie die verschiedenen Körner klingen, bevor du das Regenrohr zuklebst.

Jetzt kommt die kunstvolle Gestaltung des Instrumentes: Rühre in einem Eimer Kleister an und mische ihn gut durch. Das dauert etwa eine halbe Stunde.

Mit einem breiten Pinsel streichst du das Regenrohr mit dem Kleister ein und beklebst es mit weißen und hellen Papierstücken.

Hast du weißes Papier verwendet, kannst du anschließend dein Regenrohr bunt bemalen – entweder das nasse oder das trockene Regenrohr. Das ergibt jeweils einen anderen Effekt.

Material:

Papprohr aus dicker Pappe,
viele Nägel (3–4 cm lang) und ein Hammer,
festes Papier oder Karton und Kreppklebeband,
Kleister und weißes oder buntes Papier,
Pinsel,
Reis, Grieß, Sand, Bohnen … zum Befüllen,
eventuell kräftige Wasserfarben

Regenrohr mit Drahtgeflecht

Soll dein Regenrohr noch feiner und vor allem viel länger klingen, also eher nieseln statt regnen, so muss die Rieselgeschwindigkeit der Körner gebremst werden. Dazu verwendest du statt der Nägel eine Rolle aus Maschendraht (Hasenzaun). Zieh dazu Arbeitshandschuhe an!

Material:

Papprohr aus dicker Pappe,
Maschendraht (Hasenzaun),
festes Papier oder Karton und Kreppklebeband,
Kleister und weißes oder buntes Papier, Pinsel,
Reis, Grieß, Sand, Bohnen … zum Befüllen,
eventuell kräftige Wasserfarben,
Dispersions- oder Acrylfarben

Das Hasengitter soll gleich lang wie die Pappröhre sein. Rolle es fest zusammen und steck es in die Pappröhre. Verklebe das untere Ende der Röhre mit einem Kartonplättchen und Kreppklebeband.

Fülle das Regenrohr mit Körnern und teste den Klang. Hast du dich für eine Füllung entschieden, verklebst du die zweite Öffnung.

Du kannst das Instrument so gestalten wie das Regenrohr mit Nägeln, also mit Kleister und Papier. Du kannst dir aber auch eine andere Art überlegen. (Diesmal sind ja keine Nägel zu verkleben.)

Mit Dispersionsfarbe oder Acrylfarbe bemalt, schaut das Regenrohr sehr gut aus.

Glockenspiel mit Nägeln

Bei diesem Instrument sind es die Nägel, die Klänge und Musik erzeugen. Dabei kannst du mit Klängen und Nägeln gut experimentieren, damit auch wirklich Musik daraus wird.

Material:

Nägel in unterschiedlicher Länge,
Bindfaden und Wollnadel,
ein 25 cm langes Stück Astholz,
Handbohrer

In das Astholzstück bohrst du Löcher im Abstand von 1 cm 5 mm. Um jeden Nagelkopf wickelst und bindest du einen Bindfaden. Die Fadenenden sollen lang genug sein, um den Nagel am Astholz aufzuhängen. Fädle beide Enden in die Wollnadel und ziehe sie durch ein Loch im Astholz. Oben verknotest du die Fäden ein paar Mal, damit sie nicht mehr herausrutschen.

Der Reihe nach befestigst du die Nägel. Horch aber, bevor du den Knoten festmachst, ob die benachbarten Nägel zusammenklingen. Abschließend kannst du das Nagelglockenspiel mit einer Kordel aufhängen und die Nägel klingen lassen.

Für eine einfachere Art eignet sich auch ein Kleiderbügel aus Holz oder Draht.

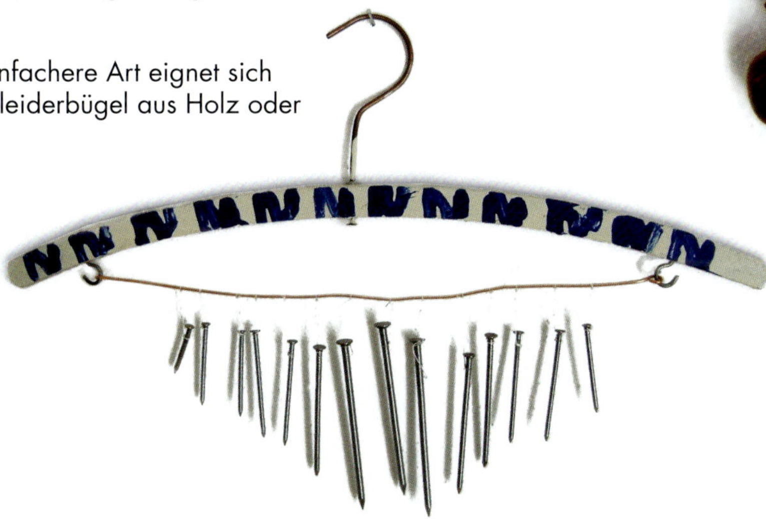

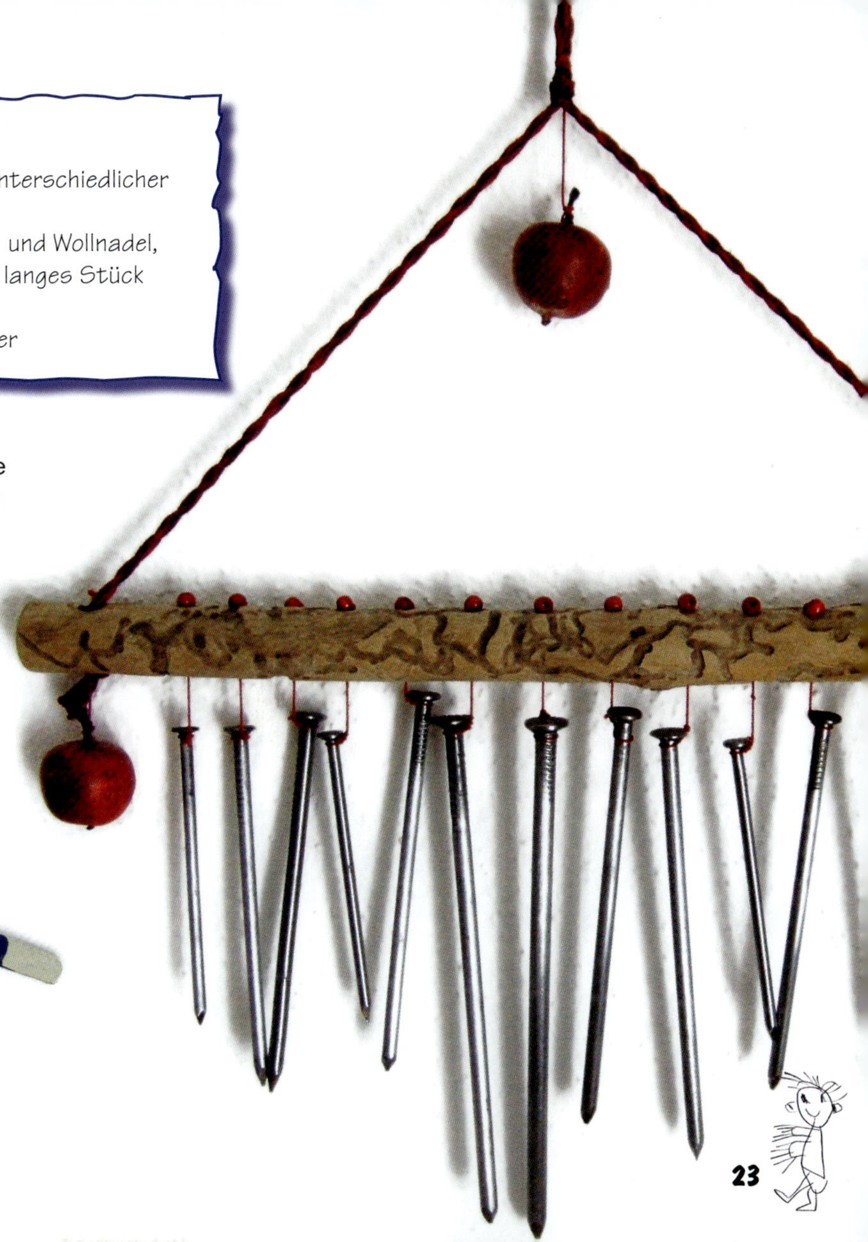

Kronenkorken-Rasselstab

Wenn es mal scheppern darf, machst du dir eine Rassel aus Kronenkorken und einer Astgabel.

Material:

Astgabel von einem Strauch oder Laubbaum,
Handbohrer,
Blumendraht, Kombizange,
Kronenkorken, also die Verschlüsse von Bier- oder Limoflaschen,
Nagel und Hammer

Zuerst klopfst du die Kronenkorken flach. Dann legst du sie auf ein altes Holzbrett und schlägst mit Hammer und Nagel ein Loch in die Mitte. Mit dem Handbohrer bohrst du bei den beiden gegabelten Astgabelteilen Löcher von außen zur Mitte hin.

Fädle auf einen Blumendraht einige Kronenkorken, steck den Draht von innen durch das unterste Loch der Astgabel und wickle den Rest um das Holz. Das Ende steckst du wieder ins Loch. Genauso machst du es auf der gegenüberliegenden Seite. Bei der nächsten Zeile nimmst du schon mehr Kronenkorken und bei der obersten Zeile die meisten.

Viel Spaß mit der „Rasselband" – oder doch eher mit der Rasselbande!

Nützliches aus Dosen

Da Metall zu unserem Leben gehört, findet sich leider immer sehr viel im Müll. Dabei kann man Metall sehr gut wiederverwerten. Wenn man etwas Neues daraus macht, ist das ja auch eine Art Wiederverwertung.

Wusstest du, dass viele Kinder in Afrika wahre KünstlerInnen im Wiederverwerten von scheinbar nutzlosem Zeug sind? Zum Beispiel basteln sie aus Getränke- und Konservendosen Metallspielzeug und Waren zum Verkaufen. Not macht eben erfinderisch.

Fällt dir auch etwas dazu ein? Nein? Dann probier das hier.

Dosenlaterne

Damit du die Dose gut bearbeiten kannst, stülpst du sie über einen passend großen, runden Holzpflock. Bitte jemanden, den Pflock zu halten, damit du gezielt Löcher nageln kannst. Nimm Nagel und Hammer und schlage Löcher ein.

Am Schluss kommen unter den oberen Rand zwei Löcher zum Aufhängen der Dosenlaterne. Da fädelst du Blumendraht durch und drehst das herausschauende Ende um den Draht herum. Häng die Laterne an den Stab und dreh ihn ein paar Mal, damit sich der Draht gut an den Stab wickelt.

Auf zum Laternenlauf!

Material:

eine saubere Dose, Blumendraht, Kombizange, Nagel, Hammer, Holzpflöcke, Laternenstab und Teelichter

Dosenratsche

Material:

eine saubere gerippte Dose, Schnur, Nagel, Hammer

Dieses ganz einfache Instrument braucht bloß eine saubere gerippte Dose und einen Nagel.

Am Rand schlägst du ein Loch ein und fädelst eine Schnur durch. An die Schnur bindest du den Nagel an. – Fertig!

Wenn du mit dem Nagel über die Dosenrippen streichst, erzeugst du ein Geräusch wie eine Ratsche.

STEIN

Denn
die Kunst
ist die Tochter
der Freiheit.

Friedrich Schiller

Kennst du das Gefühl: Du gehst einen Fluss entlang oder an einem Kiesstrand am Meer, bist ganz in Gedanken versunken und siehst nur eine Vielzahl von Farben, Formen und Mustern. Die Vielfalt und Pracht der Steine hat dich beinahe verzaubert.

Mehr und mehr dieser Naturschätze sammelst du auf und allmählich werden deine Hosentaschen immer schwerer. Zu Hause hast du bereits eine richtige Sammlung besonderer Steine und deine Schatzkiste füllt sich mehr und mehr.

Geht es dir auch so? Dann bist du auf den nächsten Seiten ganz richtig!

Steine haben etwas Zeitloses und Unvergängliches. Steine gibt es von jeher, sie sind sozusagen Zeugen unserer Erd- und Kulturgeschichte und in ihrer Vielfalt beinahe unendlich.

Steine sind notwendig für unser Leben, haben manchmal großen Wert und ohne die verschiedenen Bestandteile von Steinen wäre unser Leben nicht möglich.

Auf den nächsten Seiten findest du Ideen zum Sammeln und Spielen, Betrachten, Nachdenken und Gestalten von und mit Steinen.

Der Geschichten-Erzählstein

In unserer Kindergruppe ist der Besprechungskreis ein wichtiges tägliches Ritual unserer gemeinsamen Arbeit. Präsentationen, Diskussionen, Sachgespräche, eigene und gemeinsame Geschichten tragen viel zur eigenen und gemeinsamen Arbeit bei.

Ein besonderes Ereignis in unserer Runde ist der wöchentliche Erzählkreis. Das Häuptlingskind holt die kleine Holzkiste mit dem Geschichten-Erzählstein. Dieser Stein liegt bereits lange Zeit in dieser Kiste.

Zuvor wurde er vom Meer weit umhergespült, Steinwürmer bohrten Löcher, das Meerwasser vergrößerte diese Löcher und schliff sie aus.

So hat dieser Stein eine ganze Menge erlebt. Wenn er nun in unserer Runde im Kreis geht, haben auch die Kinder viel zu berichten oder Geschichten zu erzählen.

Die ausgeschliffenen Löcher machen das Erzählen noch leichter, denn da passt gut ein Kinderfinger hinein, der Stein lässt sich gut hin und her drehen und dabei hilft er, sich zu konzentrieren und Erzählhemmungen zu vergessen. – Jedenfalls ist der Stein mittlerweile um einiges mehr abgeschliffen, als er es zu Beginn war.

Steinpuzzle mit weißen Linien

Eines der vielen Muster von Flusskieseln sind die weißen Linien in grauschwarzen Steinen. Jeder Stein besteht ja aus unterschiedlichen Bestandteilen. Die weißen Linien, die uns gleich auffallen, sind Quarzgestein und haben daher etwas Glitzerndes an sich.

Hast du eine Menge solcher Steine gesammelt, kannst du Muster und Bilder damit legen. Leg die Steine in eine Reihe, sodass die weiße Quarzlinie immer weiterläuft.

Manchmal ist in einem Stein nicht nur eine weiße Spur, sondern es sind zwei oder drei. So kannst du Abzweigungen und Kreuzungen bilden und das Bild bekommt allerlei Verästelungen.

Schau dir die weißen Linien sehr genau an! Mal sind sie fein und dünn, dann wieder etwas breiter. Soll die Linie gleichmäßig verlaufen, so muss die Breite der Linien zusammenpassen.

Steinkreis und Steinbilder

Spielen und Gestalten mit Steinen macht nicht nur Freude, das hast du sicher schon oft erlebt. Es ist auch sehr einfach, da Steine überall in der Natur herumliegen und zu finden sind.

Du brauchst bloß einen wachen Blick und Fantasie und schon hast du Ideen, was du machen möchtest.

Material:

viele Steine,
anderes Naturmaterial wie Schneckenhäuser, Zweige, Zapfen …

Schau dich gut um, was es alles in der Natur rund um dich gibt. Sammle eine Menge Steine, von denen viele eine ähnliche Form haben, gleich groß sind und gut zusammenpassen. Ordne die Steine nach ihren Eigenschaften.

Leg nun aus deinen Fundstücken ein Bild. Beginne dabei mit den Steinen, die wesentliche Merkmale haben, und bau die anderen dazu. – Zum Beispiel legst du die großen Steine in die Mitte und nimmst nach außen hin immer kleinere. So bekommt das Steinbild eine besondere Form, als wäre es eine Kugel.

Oder du legst eine Reihe mit dunklen Steinen und links und rechts davon nimmst du immer hellere Steine.

Mit anderen Naturmaterialien kannst du das Steinbild ergänzen.

Steinspiel mit Farbwürfel und bunten Wäscheklammern

Dieses Steinspiel eignet sich sowohl für Urlaubsreisen als auch für Kinderfeste oder Pausenspiele.

So geht das Spiel: Jedes Kind hat eine Wäscheklammer in einer eigenen Farbe und ein kleines Schüsserl. Die Kieselsteine liegen in der Mitte.

Das erste Kind würfelt eine Farbe. Das Kind, das die Wäscheklammer in der gewürfelten Farbe hat, versucht mit der Wäscheklammer schnell so viele Steine wie möglich in sein Schüsserl zu sammeln. Dazu darf es aber nur eine Hand nehmen!

Das nächste Kind würfelt eine Farbe. Das erste Kind beendet das Sammeln und das Kind mit der nun gewürfelten Farbe beginnt mit dem Einsammeln. So geht es fort, bis alle Steine in die unterschiedlichen Schalen gewandert sind. Gewonnen hat das Kind mit den meisten Steinen in seinem Schüsserl.

Material für vier Kinder:

viele kleine Kieselsteine,
Wäscheklammern in den Farben Rot,
Gelb, Blau, Grün,
vier Schalen,
Farbwürfel

Bunte Steine – Steine bemalen

Abgeschliffene Flusssteine sind an sich schon schön. Du kannst sie aber noch weitergestalten und sie so zu etwas ganz Persönlichem machen.

Material:

verschiedene Flusssteine,
Wasserfarben oder Acrylfarben,
kleine Borstenpinsel und Haarpinsel,
Malbecher und Putztücher,
eventuell farbloser Lackspray

Hast du viele schöne, glatte Steine gesammelt, so betrachte sie genau und überlege dir, wie du sie weitergestalten und bemalen könntest.

Wenn du Wasserfarben verwendest, achte darauf, dass die Farben kräftig angerührt sind und gut decken. Verwende also nicht zu viel Wasser. Die Flächen bemalst du gleichmäßig mit dem Borstenpinsel. Sind die Grundfarben trocken, kannst du mit dem Haarpinsel dem Stein verschiedene Farbtupfer, Linien und Muster geben.

Du kannst den Stein nach dem Trocknen mit einem farblosen Lackspray einsprühen, damit die Farben besser leuchten und haltbar sind. Malst du mit Acrylfarben, sind die Farben gleich kräftiger und leuchtend und sie sind auch wasserfest, wenn sie trocken sind.

Da Steine ein natürliches Material sind, bei dem es dumpfe und leuchtende Stellen gibt, kannst du beide Effekte erzielen, wenn du sowohl Wasserfarbe für die Grundierung als auch Acrylfarbe für die feinen Muster verwendest.

Steine bemalen nach Art der Aborigines

Die Ureinwohner Australiens, die Aborigines, gestalteten und gestalten noch heute ganz viel mit Naturfarben und Naturmaterialien.

Eine ihrer bekanntesten Techniken sind Punktbilder. Sie setzen die Bilder aus lauter einzelnen Punkten, wie einzelnen Perlen, zusammen und lassen Motive entstehen.

Als Malgerät verwendest du diesmal keinen Pinsel, sondern Wattestäbchen. Für feinere Punktbilder machst du dir aus einer Stecknadel und einem Holzstäbchen (oder dem hinteren Ende eines Bleistiftes) einen Malgriffel. Mit dem Malgriffel oder dem Wattestäbchen tupfst du einzelne Punkte einer Farbe auf den Stein. Wattestäbchen kannst du nur für eine Farbe benützen. Für die nächste Farbe brauchst du daher ein neues Stäbchen. Den Malgriffel mit der Stecknadel wischst du ab, bevor du eine neue Farbe verwendest.

Farbpunkt für Farbpunkt entsteht auf deinem Stein ein Muster oder ein richtiges Bild nach Art der Aborigines.

Material:

viele Steine,
Wattestäbchen, Rundkopfnadeln (Stecknadeln) und Holzstäbchen,
Fingerfarbe oder Acrylfarbe,
Malbecher und Putztücher,
eventuell farbloser Lackspray

Steine mit schwarzen Linien und bunten Farben

Wenn du Steine gestalten möchtest, musst du nicht gleich die ganze Steinoberfläche bemalen. Mit Geschick und Gefühl kannst du bloß das Muster der Steine verstärken oder weitergestalten.

Schau den Stein gut und genau an, bevor du mit dem Gestalten beginnst. Welche Farben kommen darauf vor? Welches Muster kannst du erkennen? Siehst du Linien, die du verstärken kannst?

Mit einem feinen Haarpinsel kannst du nun einige Linien nachziehen oder weiterzeichnen. Kräftige schwarze Farbe macht sich dabei sehr gut.

Oft sind die Farben der Steine verwaschen und nicht leuchtend. Du kannst sie mit einem feinen Haarpinsel und kräftiger Farbe hervorheben. Achte aber darauf, dass du Farben verwendest, die auch der Stein hat, damit du seine Art beibehältst.

Material:

verschiedene Flusssteine,
Wasserfarben oder Acrylfarben,
kleine Haarpinsel,
Malbecher und Putztücher,
eventuell farbloser Lackspray

Bauen mit Naturstein

Steine sind nicht nur schön, sie sind ein wesentliches Baumaterial der Menschen. Bereits ohne viele Hilfsmittel haben Menschen erste Bauwerke aus Stein geschaffen. Dazu mussten sie natürlich das Material gut kennen und lernten es auch zu bearbeiten.

Wird eine Mauer bloß aus Steinen geschlichtet, müssen die Teile gut zueinander- und ineinanderpassen, damit die Mauer haltbar ist.

Gepflasterter Sitzkreis

In unserem Schulgarten haben sich die Kinder eine Ecke ausgesucht, die sozusagen die Freiluftklasse ist. Bei schönem Wetter machen wir unseren Klassenkreis im Garten.

Vorher richteten wir den Platz fein her: Der Boden wurde gepflastert und Sitzgelegenheiten wurden aus Baumstümpfen und dicken Brettern gebaut. Später kam noch ein Hochbeet mit Trockenmauer dazu und von Zeit zu Zeit wird dies und das ergänzt.

Zuerst wird das Gelände so abgegraben, dass es schön eben ist und die richtige Tiefe hat, also etwa 15 cm. Schütte den Pflasterkies auf und verteile ihn mit dem Rechen gleichmäßig. Dazu musst du die passende Kiesgröße verwenden, damit sich die Kieselsteine gut verkeilen und anschließend den Plastersteinen den richtigen Halt geben!

Bei einem kreisrunden Platz beginnst du in der Mitte mit dem Verlegen der Steine. Leg zum Beispiel einen großen, runden Schotterstein in die Mitte und mach mit den Pflastersteinen einen Ring rundherum. Jeden Stein ruckelst du gut in den Kies, sodass er fast schon von selbst fest sitzt. Manchmal musst du noch mit dem Gummihammer nachklopfen. Besser ist, du schaust bereits vorher, welcher Stein in Breite und Höhe gut zu den anderen passt. Nun baust du Steinkreis um Steinkreis. Dazwischen passt gut ein Ring aus Flussschotter.

Den letzten Kreis baust du aus etwas höheren Steinen oder größeren Pflastersteinen, damit die Wiese rundherum besser abgegrenzt ist. Sind alle Steine verlegt, schüttest du Pflasterkies darüber und kehrst ihn mit dem Besen sorgfältig in alle Ritzen hinein, sodass nur noch die obere Fläche der Steine zu sehen ist.

Zum Sauberwaschen des Steinkreises verwendest du die Gießkanne, du kannst es aber auch dem Regen überlassen.

Nun, bist du jetzt ein richtiger Bauarbeiter, eine richtige Bauarbeiterin?

Material für den Pflasterboden:

viele Pflastersteine und größere Flussschottersteine,
Pflasterkies (gebrochener Edelsplitt, 2/4),
Arbeitshandschuhe in Kindergröße,
Schaufel, Rechen, Besen und Gummihammer
(kein Eisenhammer, denn da können Splitter abspringen und verletzen!)

Steinmosaik

Die Kunst des Mosaiks ist eine sehr alte Form, Flächen und Bauwerke kreativ zu gestalten. Bereits im Altertum verwendeten Sumerer, Griechen und Römer diese Technik, die aus dem Orient kommt. Bei den ersten Mosaiken, die Archäologen entdeckten, wurden Kieselsteine oder Tonsteine in feuchten Lehm oder Erde gedrückt und getrocknet, bis das Ganze fest und hart war.

Aus Kieselsteinen kannst du zum Beispiel auf einer Betonplatte im Garten sehr schöne Bilder legen – wie ein Mosaik.

Material:

Kieselsteine, Fliesenkleber, Fugenmasse, feste Gummihandschuhe, Maurerkelle, Zahnspachtel und Gummispachtel, Eimer mit Wasser und Putzschwämme

Lass dir den Fliesenkleber (das ist eine spezielle Zementmischung) mit der Kelle in einem Eimer anrühren. (Wie die Mischung aus Zement und Wasser sein soll, steht genau auf der Packung.)

Bevor du mit der Arbeit beginnst, zieh feste Gummihandschuhe an, da der Zement aus Kalk gemacht wird und sich daher in die Haut fressen kann. Davon würdest du ganz raue und manchmal auch juckende Finger bekommen.

Mit der Zahnspachtel wird der Fliesenkleber auf die Betonplatte gestrichen. Drücke die Kieselsteine in den weichen Zement, sodass ein Muster entsteht. Du darfst bei dieser Arbeit nicht trödeln, sonst wird der Zement hart und die Steine halten nicht mehr. Daher ist es schlau, immer nur eine kleine Fläche mit dem Zement einzustreichen, das Muster zu kleben und dann die nächste Stelle zu beginnen.

Bist du mit dem Legen und Kleben der Steine fertig, so schau, ob auch alle Steine sauber sind. Verschmutzte Steine putzt du vorsichtig mit dem Putzschwamm ab.

Der Fliesenkleber soll etwa einen Tag trocknen. Am nächsten Tag wird die Fugenmasse nach Packungsanleitung angerührt. Mit der weichen Gummispachtel streichst du sie über das Mosaikbild. Bloß die oberen Steinflächen schauen aus dem Fugenzement heraus. Die Rillen zwischen den Steinen werden ausgefüllt.

Mit dem Putzschwamm wischst du danach über das Bild; damit wird der überschüssige Fugenzement entfernt. So kommen die Steine gut zum Vorschein. Lass das Bild nun etwas trocknen. Danach musst du ein paar Mal wischen, bis die Steine ganz sauber und schön sind.

Mosaikbilder entwerfen und gestalten

Bevor man zu einem richtigen Mosaikprofi wird, braucht es viel Übung und man muss allerhand Erfahrungen sammeln. Du solltest Mosaikbilder zuerst zeichnen oder kleben.

Material:

Farbstifte oder Filzstifte,
Buntpapier, Klebefolie,
Schere,
Zeichenpapier

Nimm ein Blatt Papier und zeichne Muster und Figuren, die aus ganz vielen bunten Teilen bestehen.

Du kannst Mosaikbilder auch aus bunten Papierstücken oder selbstklebender Bastelfolie kleben. Schneide oder reiße Buntpapierteile aus vielen verschiedenen Farben. Ordne die Papierstücke nach der Farbe, lege sie aber nicht auf einen Haufen, sondern ausgebreitet auf. Buntpapier ist meistens gummiert, das heißt, du brauchst es nur feucht zu machen und schon kannst du es aufkleben.

Beim Mosaik ist es wichtig, dass immer eine größere Fläche aus Teilen in derselben Farbe besteht. Klebe aus den Stücken einer Farbe die Figur, die du dir vorstellst, und achte darauf, dass die Papierteile ohne zu große Lücken gut zusammenpassen.

Ist die Figur fertig, gestaltest du das Rundherum, indem du wieder gut auf die Formen der einzelnen Teile und auf zusammenhängende Farbflächen der Einzelteile achtest.

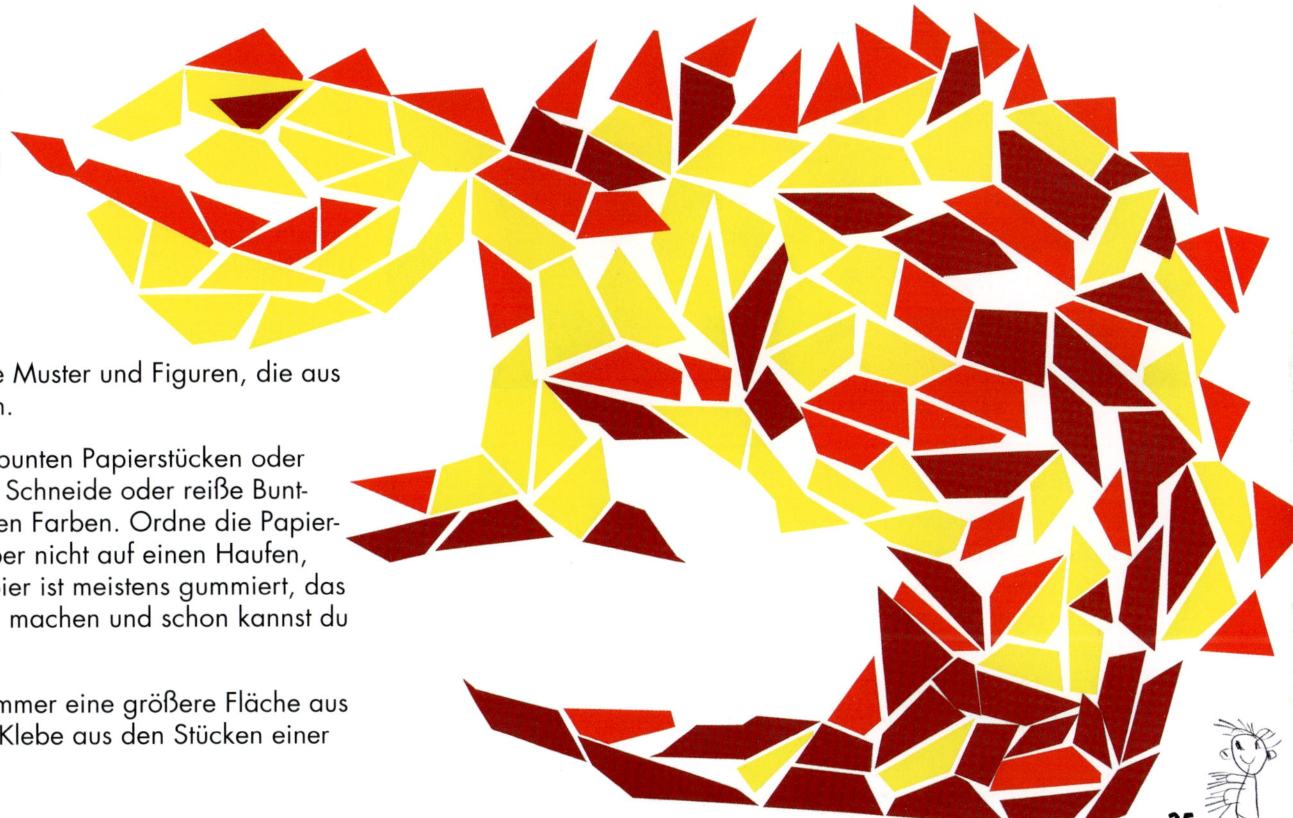

Robin und Zoe beim Verfugen des Mosaikbildes.

Fliesenmosaik an der Mauer

Mosaikkunst ist eine Kombination aus handwerklichem Geschick und kreativem Blick. Mithilfe von Erwachsenen kannst du tolle Wandgestaltungen schaffen.

Bei unserem Kinder-Fliesenmosaik geht es weniger um Genauigkeit, sondern vielmehr um Kreativität und die Freude an der Arbeit. Es passt sehr gut an jede Mauer im Garten oder am Haus.

Du kannst mit fertig gekauften Mosaiksteinen gestalten oder du klopfst aus ganzen Fliesen Bruchstücke. Dabei musst du vorsichtig sein: Leg die Fliese auf ein altes Tablett und decke sie mit einem Tuch ab. Mit dem Hammer klopfst du fest, aber mit Gefühl darauf, sodass die Fliese zerbricht. Pass gut auf, denn die Bruchstücke haben scharfe Kanten!

Tipp: Oft findet man an Flussufern oder am Meer abgeschliffene Fliesenstücke. Die eignen sich sehr gut zum Mosaikgestalten. Du musst aber schon eine Zeit lang suchen, bis du genügend gefunden hast.

Hast du genug Mosaiksteine vorbereitet, legst du damit ein Bild, wie es später an der Wand sein soll. Es kann sein, dass du es später nicht genau so an die Mauer bekommen wirst, aber du hast dadurch eine gute Vorstellung des Bildes bekommen.

Regel: Gleiche Farben sollen möglichst eine gemeinsame Fläche bilden. Mosaiksteine sollen einander ergänzen, also gut zusammenpassen.

Material:

ein Stück Kreide, Mosaiksteine (die gibt es fertig zu kaufen),
Fliesenreste, Hammer, Fliesenkleber, Fugenmasse,
feste Gummihandschuhe,
Maurerkelle, Zahnspachtel, Gummispachtel und eine schmale Spachtel,
Eimer mit Wasser und Putzschwämme

Wichtig: Für Mosaike im Freien musst du frostsichere Materialien verwenden.

Mit Kreide skizzierst du an der Mauer (sie soll relativ glatt und sauber sein) die Form deines Bildes. Lass dir den Fliesenkleber, das ist eine spezielle Zementmischung, mit der Kelle in einem Eimer anrühren. (Wie die Mischung aus Zement und Wasser hergestellt wird, steht genau auf der Packung.)

Bevor du mit der Arbeit beginnst, zieh feste Gummihandschuhe an, da der Zement aus Kalk gemacht wird und sich daher in die Haut fressen kann. Davon würdest du ganz raue und manchmal auch juckende Finger bekommen.

Mit der Zahnspachtel wird eine Fläche an der Mauer mit Fliesenkleber eingestrichen. Dort beginnst du das Mosaikbild Stück für Stück an die Wand zu kleben. Sind alle Fliesensteine verklebt, reinigst du vorsichtig mit einer schmalen Spachtel die Ränder und schmutzig gewordene Fliesensteine. Mit dem Schwamm wischst du sie noch sauber.

Der Fliesenkleber muss etwa einen Tag trocknen. Am nächsten Tag mischst du die Fugenmasse laut Anweisung auf der Packung und streichst sie mit der Gummispachtel über das Mosaikbild. Ist die Fugenmasse leicht angetrocknet, wischst du mit dem Schwamm das Mosaikbild ein paar Mal sauber.

Fertig!

Weitere Ideen für Mosaike:

- Eine Mosaikskulptur
- Eine Säule mit Mosaik gestalten
- So wie auf einer Mauer kannst du auf allen möglichen Steinflächen Mosaike aufkleben.
- Du kannst ein Betonrohr oder einen Ytong-Ziegel aus dem Baumarkt gestalten und hast ein zwar schweres, aber bewegliches Kunstwerk.

Nach Fertigstellung des Kunstwerkes fanden die Kinder schnell einen Namen für das Bild und begannen zu dichten …

Es war einmal eine Elefantenschildkröte, die spielte immer auf der Flöte.

Mit Ton arbeiten

Ton ist Gestein, das in der Erde in weichem Zustand vorkommt. Erst an der Luft trocknet das Wasser auf und die Masse wird hart. Richtig stabil wird Ton aber erst im Brennofen, weil mit großer Hitze der Quarzanteil schmilzt und sich mit dem übrigen Stein fest verbindet.

Das Schöne am Ton ist seine Formbarkeit, sodass du allerlei Gefäße, Figuren oder Schmuck daraus gestalten kannst.

Material:

Ton,
Arbeitsbrett, altes Nudelholz oder eine Flasche,
altes Messer,
verschiedene Materialien und Gegenstände zum Prägen: verwittertes Holz, flache Steine …,
Trinkhalm

Zum Aufhängen: ein Zweig, Astholz oder eine Baumscheibe, Bindfaden

Tonmobile & Glockenspiel

Knete den Ton zuerst gut durch, rolle eine Kugel und schlage sie fest in die Hand, damit das Material geschmeidig wird und keine Luftblasen mehr im Ton sind.

Drücke den Ton flach auf das Arbeitsbrett und rolle ihn mit dem Nudelholz (oder einer Flasche) 5 mm dick aus. Mit einem alten Messer schneidest du verschiedene Stücke aus: Dreiecke, Vierecke, Blattformen … In die ausgeschnittenen Stücke kannst du auf beide Seiten vorsichtig allerlei Muster drücken. Zum Beispiel macht verwittertes Holz schöne Spuren. Oder du drückst ein Zahnrad in den weichen Ton.

Sind die Mobileteile gestaltet, musst du noch ein Loch zum Aufhängen bohren. Nimm einen Trinkhalm und dreh ihn am oberen Ende des Plättchens in den Ton und wieder zurück. Die Mobileteile müssen zuerst an der Luft trocknen und werden dann im Brennofen gebrannt. Durch das Loch des gebrannten Plättchens fädelst du den Bindfaden und hängst es damit an den Zweig oder das Holzstück.

Weht der Wind durch das Mobile, stoßen die Tonstücke aneinander und erzeugen einen hellen Klang.

Tontaler

Zum Tonmobile passen neben den eher unregelmäßigen Teilen sehr gut auch ein oder zwei Tontaler.

Diesmal machst du dir einen richtigen Prägestempel für den Ton: In den Joghurtbecher gibst du Gipspulver, bis er halb voll ist. Vorsichtig gießt du Wasser nach und verrührst es. Lass die Gipsmasse hart werden. Das geht ziemlich schnell.

Schneide den Becher am Rand ein und reiß ihn auf. Dein Stempel ist bereits hart, aber nicht trocken. Mit dem Messer schnitzt du ein Muster in die feuchte Stempelfläche und hast nun einen richtigen Gipsmodel. Der muss noch ganz aushärten (etwa eine Stunde, besser noch einen Tag), bevor du ihn verwendest.

Den Ton richtest du so her, wie es beim Tonmobile beschrieben ist. Dann walkst du ihn 5 mm dick aus und stichst mit einem Joghurtbecher Kreise aus.

Den Gipsmodel drückst du vorsichtig in den weichen Ton und hast bereits das fertige Muster. Wenn du zwei Gipsmodel hast, kannst du das Tonplättchen zwischen die beiden Stempelformen legen und leicht zusammendrücken. So hast du an beiden Seiten ein Muster. Das Aufhängeloch bohrst du mit dem Trinkhalm.

Der Tontaler muss nun trocknen und anschließend im Brennofen gebrannt werden. Mit einem Bindfaden kannst du ihn an ein Astholz hängen oder mit mehreren zusammen ein Mobile gestalten.

Material:

Ton, Arbeitsbrett,
altes Nudelholz oder eine Flasche,
Joghurtbecher,
Elektrikergips und Wasser,
altes Messer, Trinkhalm

Zum Aufhängen: ein Zweig, Astholz oder eine Baumscheibe, Bindfaden

Trommel aus einem Blumentopf

Material:

Ton-Blumentopf mit etwa 24 cm Durchmesser,
braunes Packpapier,
Zirkel oder großer Teller, Schere,
Eimer mit Kleister,
Seidenpapier

Diesmal gestaltest du mit bereits fertig gebranntem Ton, nämlich mit Blumentöpfen. Da Ton ein fein klingendes Material ist, eignen sie sich gut für allerlei Musikinstrumente. Aus kleinen Blumentöpfen werden Glöckchen.

Hängst du unterschiedlich große Blumentöpfe in einer Reihe auf, entsteht ein richtiges Glockenspiel mit hellen und tieferen Tönen. Aus großen Blumentöpfen kannst du tolle Trommeln bauen.

Zuvor rührst du den Kleister relativ dick in einem Kübel an. (Achte auf die Angabe auf der Packung!) Der Kleister muss meistens etwa eine halbe Stunde ziehen.

Zeichne mit dem Zirkel oder einem großen Teller zwei Kreise auf das Packpapier und schneide sie aus. Die Papierkreise müssen rundherum 4 cm größer sein als die Öffnung des Tontopfes.

Leg den ersten Papierkreis auf die Arbeitsfläche und streiche ihn beidseitig gut mit dem Kleister ein. Das Bespannen der Trommel führst du besser mit der Hilfe eines zweiten Kindes aus. Vorsichtig legst du das Packpapier, also das Tommelfell, über den Tontopf, sodass rund um den Topf gleich viel Papier absteht. Spanne das Trommelfell gut, aber nicht zu fest und streiche mit beiden Händen das Papier gleichzeitig an den gegenüberliegenden Seiten gut ab, damit es richtig hält.

Ist das erste Trommelfell rundum fest verklebt, streichst du das zweite wiederum beidseitig mit Kleister ein. Vorsichtig legst du es auf das erste Trommelfell, und zwar so, dass das Papiermuster des zweiten Kreises im rechten Winkel zum ersten ist.

Klebe beide Kreise vorsichtig aufeinander und klebe den Rand wiederum am Tontopf fest. Du musst das Papier dabei gut spannen und darfst auch nicht mitten ins Trommelfell drücken!

Zur Dekoration reißt du aus Seidenpapier viele bunte Stücke. Streiche die Außenseite des Tontopfs mit Kleister ein und klebe eine dünne Schicht mit den bunten Papierstücken auf. Alles gut glatt streichen! Die Trommel lässt du am besten in der Sonne trocknen.

Du wirst staunen, welch einen Klang dein neues Instrument hervorbringt!

KOHLE, KREIDE & GRAFIT

Kunst
ist ein Schritt
von der Natur
zur Unendlichkeit.

Khalil Gibran

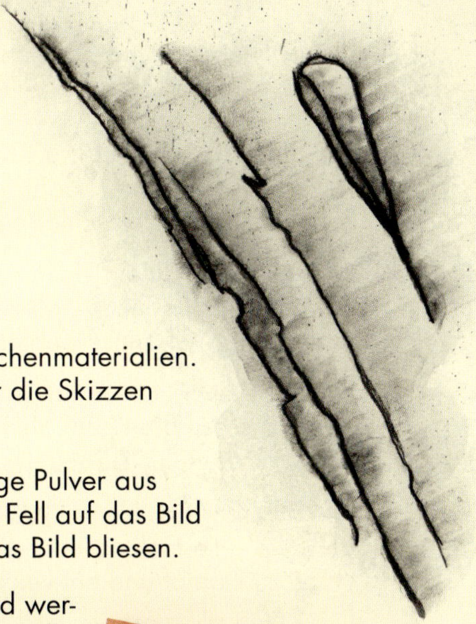

Kohle gehört zu den wohl ältesten Mal- und Zeichenmaterialien. Bereits die Menschen der Steinzeit benutzten für die Skizzen ihrer Höhlenbilder Holzkohle.

Für die Farben der Bilder verwendeten sie farbige Pulver aus zerriebenen Mineralien, die sie mit einem Stück Fell auf das Bild malten oder die sie durch Röhrenknochen auf das Bild bliesen.

Über Jahrtausende und Jahrhunderte wurden und werden Farbstoffe aus zerriebenen Mineralien hergestellt. Im Laufe der Zeit entdeckten die Menschen natürlich noch andere Möglichkeiten, Farben zu erzeugen.

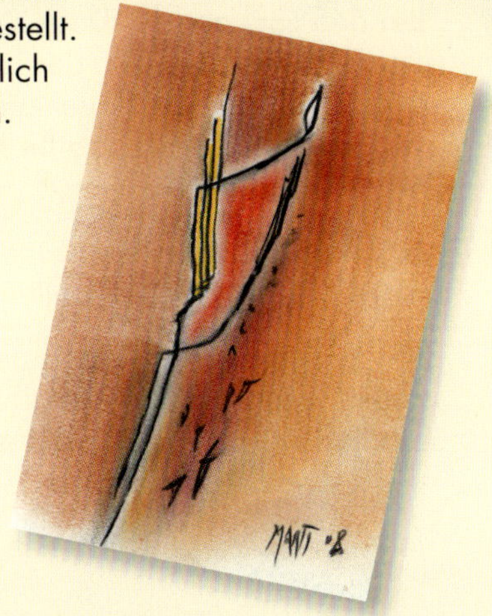

Kohlestifte selbst herstellen

Kohlestifte – richtige Zeichenkohle – kannst du recht einfach im Lagerfeuer selbst herstellen.

Material:

Blechdose mit Deckel, z. B. alte Keksdose (sie darf keine Kunststoffbeschichtung haben),
Hammer und Nagel,
Buchenholzstäbe mit 8–10 mm Stärke (aus dem Bastelgeschäft) oder Astholzstäbe,
Säge,
Arbeitshandschuhe

Die Blechdose dient dir als Köhlerofen, in dem ein chemischer Prozess stattfinden wird. Du musst dafür an Deckel und Boden mit Hammer und Nagel etwa vier Löcher einschlagen.

Nun brauchst du ein kleines Lagerfeuer, das du nur unter Aufsicht von Erwachsenen machen darfst. Du wartest, bis das Feuer etwas abgebrannt ist und sich ein Glutstock gebildet hat.

Schneide etwa 10 cm lange Stücke von den Buchen- oder Astholzstäben ab und gib sie in die Dose. Verschließe die Dose mit dem Deckel und lege sie mitten in die Glut. Beobachte die Dose genau. Was wird passieren?

Nach kurzer Zeit siehst du Dampf aus den Löchern entweichen. Wo kommt der her? – Im Holz ist noch Flüssigkeit, der Holzessig. Dieser wird durch die Hitze zu Dampf und entweicht durch die Löcher.

Bei den Löchern der Dose siehst du auch kleine Flammen. Kommen die aus der Dose heraus? – In der Dose selber ist kein Feuer, da würden ja die Holzstücke verbrennen. Feuer braucht Sauerstoff und den hat die Hitze schon vertrieben. Aber das heiße Holzgas fängt Feuer, sobald es bei der Öffnung heraus- und mit Sauerstoff zusammenkommt.

Nach etwa 15 Minuten sind keine Flammen mehr zu sehen. Der Holzessig ist verdampft, die verkohlten Stifte bleiben übrig – etwas geschrumpft.

Mit zwei dickeren Ästen oder Holzscheiten nimmst du die Dose aus dem Feuer. Achtung! Das Metall ist sehr heiß! Lass die Dose abkühlen! Nach einigen Minuten kannst du mit Arbeitshandschuhen den Deckel öffnen und mit der selbst gemachten Zeichenkohle zeichnen.

Je nach Holzart hast du nun weichere oder härtere Kohlestifte. Starte einen Versuch!

Kohlezeichnung

Deine selbst gemachten Kohlestifte sind genauso gute Zeichenstifte wie gekaufte. Es kommt unter anderem auf das verwendete Holz an, ob die Stifte weicher oder härter sind. Buchenholzstifte haben eine mittlere Härte. Astholz ist weicher: Das Herstellen der Kohlestifte dauert zwar etwas länger, man kann mit ihnen aber in einer kräftigen Farbe zeichnen. Probier es aus!

Material:

Kohlestifte im Ganzen,
festes Zeichenpapier oder Zeichenkarton,
Putztücher,
Haarspray oder Fixativ

Zeichne Linien und Flächen auf das Papier. Du merkst gleich, dass der Kohlestift nicht so rutscht und deckend ist wie ein Faserschreiber. Gerade das ist es aber, was die Kohlezeichnung so interessant macht. Versuche den Stift zu ziehen und auch zu schieben. So erhältst du ganz unterschiedliche Arten von Linien.
Beim Zeichnen mit dem Kohlestift brechen oft kleine Stücke ab. Verreibe sie mit dem Finger. Du erzeugst so Schatten, die gemeinsam mit den dunkleren Linien dem Bild etwas Räumliches geben.

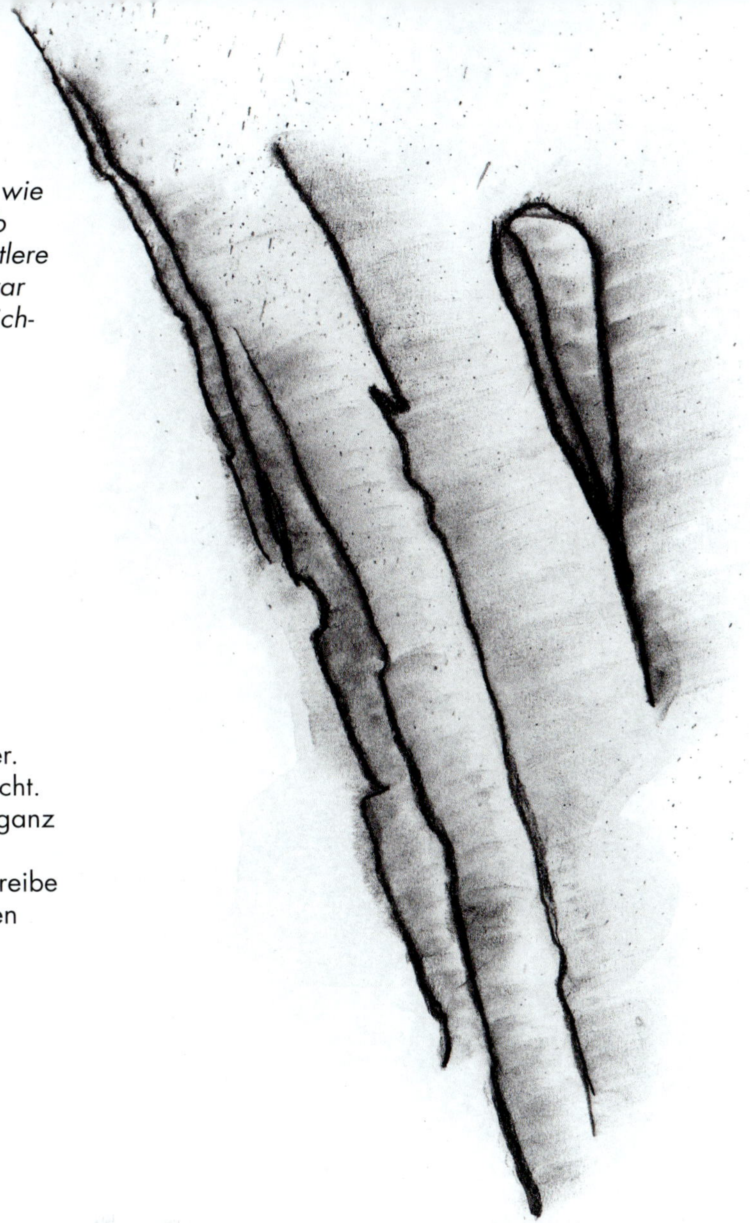

Zeichnen mit Grafit

Alle Menschen verwenden in ihrem Alltag Grafit. Dies ist ein weicher Kohlenstoff, der sich bestens zum Schreiben verwenden lässt und in deinen Bleistiften drin ist.

Übrigens: Nur durch einen Wissensfehler im 17. Jahrhundert heißen unsere Schreibstifte „Bleistift". Als das Material nämlich vor etwa 350 Jahren in England entdeckt wurde, glaubte man, es sei Bleiweiß. Als die erste Bleistiftfabrik ihre Produktion aufnahm, nannte sie das Schreibmaterial also Bleiweißstifte – obwohl es Grafitstifte waren. Darauf ist man erst 100 Jahre später gekommen. Aber der Name ist bis heute geblieben.

Material:

Grafitstifte in verschiedener Härte, glattes Schreibpapier oder Zeichenpapier

Grafitstifte gibt es in vielen Härtegraden. So kannst du feinere oder dickere Linien ziehen und in verschiedenen Grautönen zeichnen. Weiche Grafitfarbe lässt sich gut mit dem Finger verreiben.

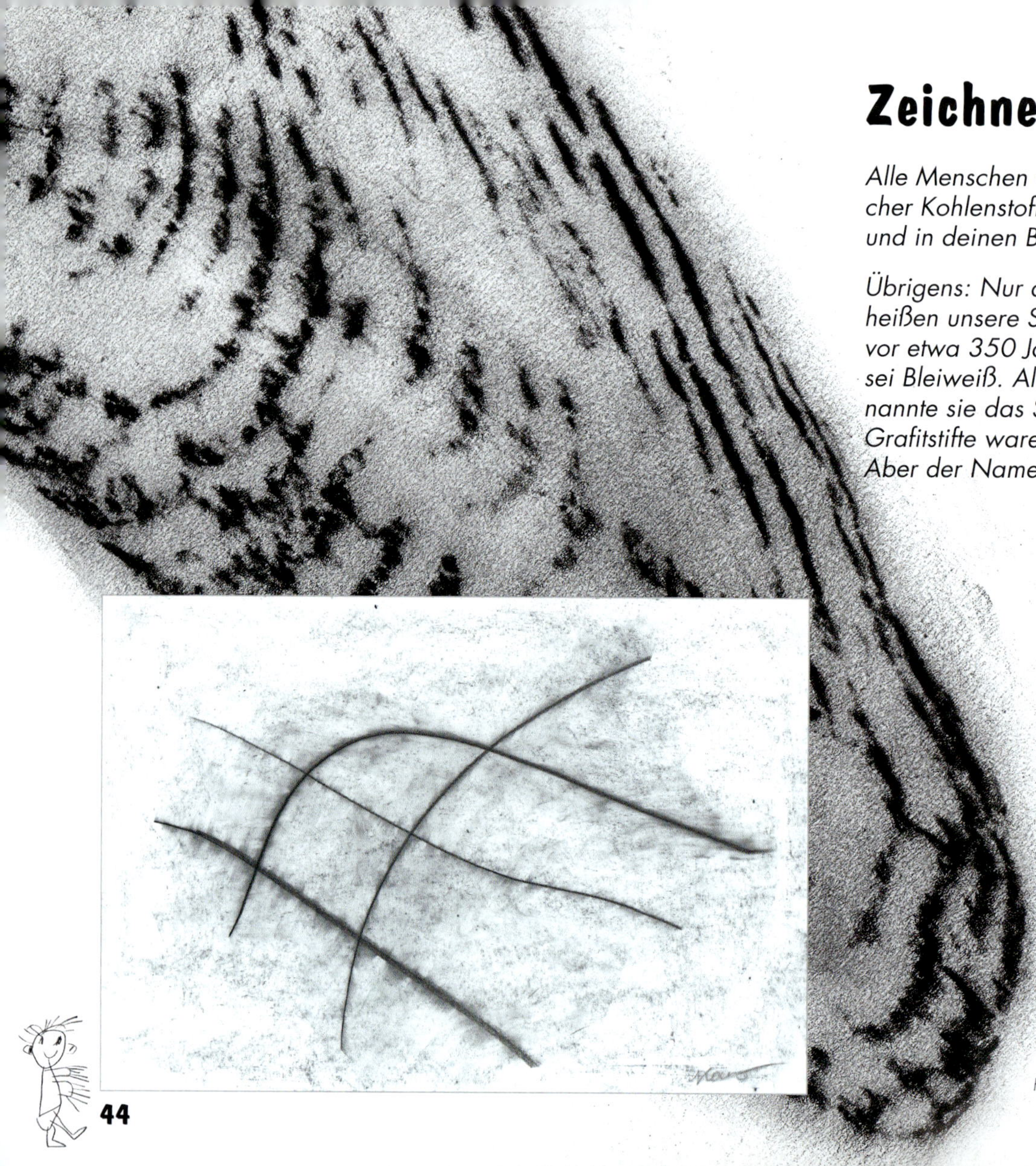

Frottage mit Grafitblock

Braunkreidebilder

Braunkreide ist gebrannte Erde, so wie aus Ton Ziegel gemacht werden. Das Farbpulver wird zu Stiften gepresst und ist ein sehr gutes Zeichenmaterial.

Material:

Braunkreiden, Zeichenkarton, Haarspray oder Fixativ

Im Schreibwaren- oder Künstlergeschäft bekommst du diese erdfarbenen Kreiden in Weiß, Ocker, Rotbraun, Hellbraun bis Grauschwarz.

Zeichnest und malst du mit diesen Farben, so ergibt das schöne, natürliche Bilder. Der Kreidestift rutscht nicht so leicht. Dadurch werden deine Linien auch behutsamer.

Du kannst Linien ziehen wie beim Schreiben oder den Kreidestift schieben. So hat jede Linie ihr eigenes, besonderes Aussehen, ihren eigenen Charakter. Braunkreide lässt sich sehr gut mit dem Finger verreiben. Du kannst damit zarte und kraftvolle Farbflächen gestalten.

Ist dein Bild fertig, fixierst du es mit einem Fixierspray, damit die Farbe erhalten bleibt und nicht mehr abfärbt.

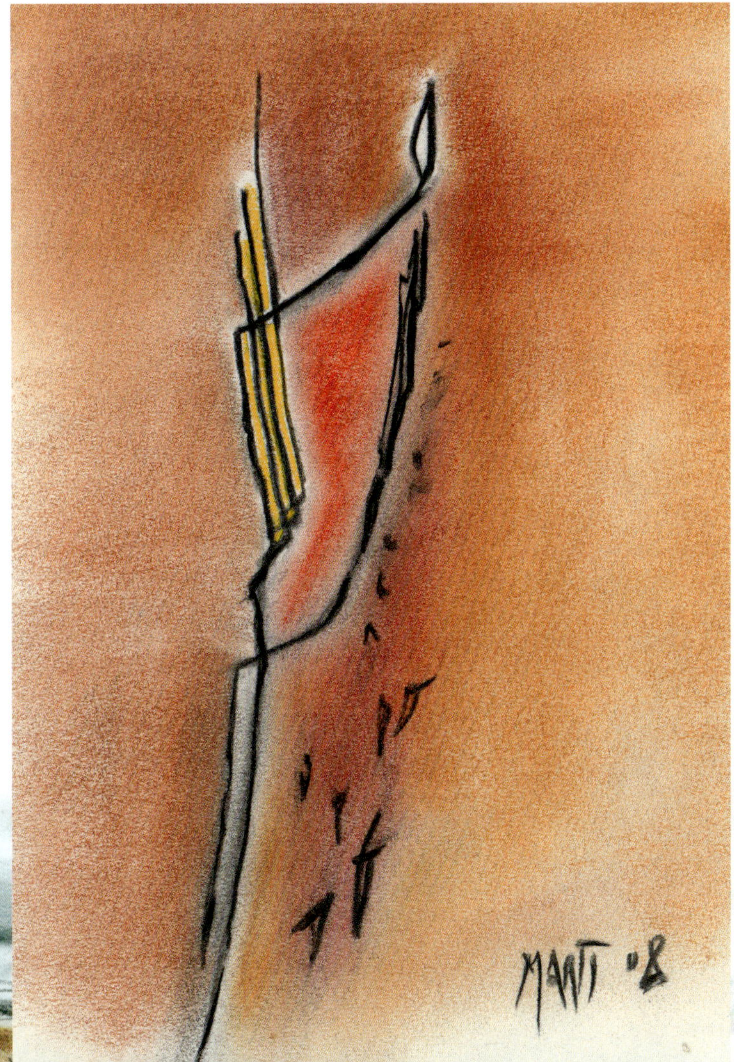

Kunst
wäscht den Staub
des Alltags
von der Seele.

Pablo Picasso

KUNST DER LINIE

Bilder setzen sich meist aus mehreren und unterschiedlichen Elementen und Teilen zusammen: Punkte – Linien – Flächen.

Je nach Lust und Laune, nach Ziel und Vorstellung tritt das eine oder andere künstlerische Element in den Vordergrund und kommt mehr zur Geltung.

Zeichnen ist das Gestalten mit Linien, das in vielfältiger Art und Weise zum Ausdruck kommt und sehr unterschiedlich verwendet werden kann.

Eine Zeichnung kann als Skizze oder als Umriss für die weitere Gestaltung dienen. Sie kann ganz bewusst als einziges Element für ein Bild verwendet werden.

Quer durch die Geschichte der Menschheit und der Kunst spielt die Zeichnung eine ganz bedeutende Rolle. Von Ritzbildern der Antike, zum Beispiel in Stein oder Keramik, über Zeichen und Linienbilder mit Griffeln, Stiften oder Federn, mit Farben aus Kohlegemisch, Grafit, Tusche, Kreide und vielem mehr spannt sich der Bogen bis in die heutige Zeit.

Zeichnungen können angedeutet, skizzenhaft sein.

Zeichnungen können genau und mit vielerlei Details, also Einzelheiten gestaltet sein.

Zeichnungen können geometrisch präzise (wie in der Architektur) angefertigt sein.

Zeichnungen können schwungvoll, fast zufällig entstehen.

Zeichnungen können so sein, wie es dir und deinem Stift gerade einfällt.

Kritzeln mit Mühe – Gruppencollage

Kleine Kinder machen es automatisch, wenn sie zeichnen: Sie kritzeln mit Schwung oder konzentriert, aber sie kritzeln mit Freude und oft großer Anstrengung.

Bei der hier beschriebenen Zeichenform geht es vor allem um Freude am Zeichnen und um ein gemeinsames Tun mit FreundInnen.

Material:

Bleistifte,
Zettelblock oder eine Menge gleich großer quadratischer Zettel (etwa 10 cm mal 10 cm),
Klebestift,
farbiges Plakatpapier

Du nimmst dir einen Vorrat an Zetteln. Auf jeden Zettel zeichnest, kritzelst du konzentriert Punkte und Linien, Muster und Formen. Es sollen aber keine konkreten Darstellungen sein. Lass den Bleistift einfach nach dem Gefühl wandern.

Ist das erste Kritzelbild fertig, mach ein nächstes, ein übernächstes … Am Ende legt ihr alle Kritzelbilder auf den Boden und betrachtet sie gemeinsam. Welche Zeichnungen passen zueinander? Wo passen sie gut hin? … Klebt mit dem Klebestift einige, viele oder alle Kritzelbilder auf ein farbiges Plakatpapier.

Vom Punkt zum Gedanken

Viele Bilder entstehen erst im Tun. Man weiß vorher gar nicht, was am Ende herauskommt. Das Bild wächst von selbst und erst die BetrachterInnen können darin das eine oder andere erkennen.

Dieses Zeichenspiel machst du im Kreis mit FreundInnen, in der Klasse …

Material:

Bleistift, Schreibblock mit unlinierten Blättern

Alle sitzen im Kreis. Ein Spielleiter gibt das Startzeichen und du machst Punkte auf das Papier. Kurz darauf ruft der Spielleiter „Stopp!" und jedes Kind gibt seinen Block nach links weiter. Du hast nun den Bock des Nachbarkindes.

Beim Startzeichen machst du wieder lauter Punkte auf das Papier. Bei „Stopp!" gibst du den Block nach links weiter … Nach etwa fünf Wechseln machst du keine Punkte, sondern ziehst Linien von Punkt zu Punkt.

Nach weiteren fünf Wechseln bekommt jedes Kind seinen Block wieder und schaut, was darauf zu sehen ist. Du siehst ein Durcheinander von Punkten und Linien. Aber ist da nicht auch etwas zu erkennen? – Ein Drache, ein Geist, ein Irgendwas?

Das Bild, das du jetzt entdeckst, ziehst du mit dem Bleistift kräftig nach. All das, was rundherum ist, schraffierst du weg: Du hältst den Bleistift flach und malst über alle Punkte und Linien darüber, die nicht zum Bild gehören. So bleibt nur dein Fantasiewesen weiß. Findest du einen besonderen Namen dafür? Vielleicht fällt dir eine Geschichte dazu ein, die du erzählen oder aufschreiben kannst.

So ist aus einem Punkt, nein, aus vielen Punkten, eine ganze Geschichte geworden!

Ein-Linien-Zeichnung

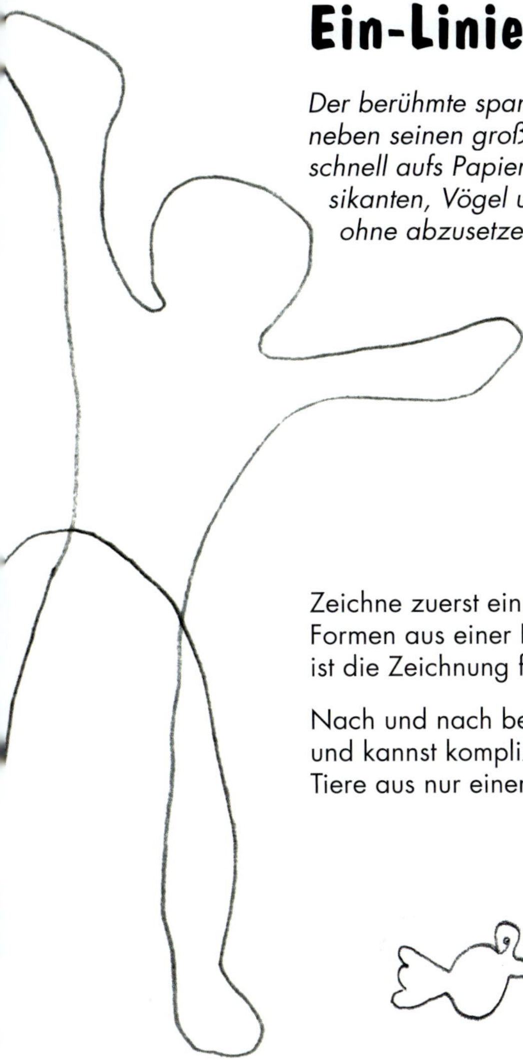

Der berühmte spanische Maler Pablo Picasso schuf neben seinen großen Kunstwerken immer wieder kleine, schnell aufs Papier gezeichnete Bilder: Harlekine, Musikanten, Vögel und allerlei Tiere. Er zeichnete dabei, ohne abzusetzen, in einer einzigen Linie.

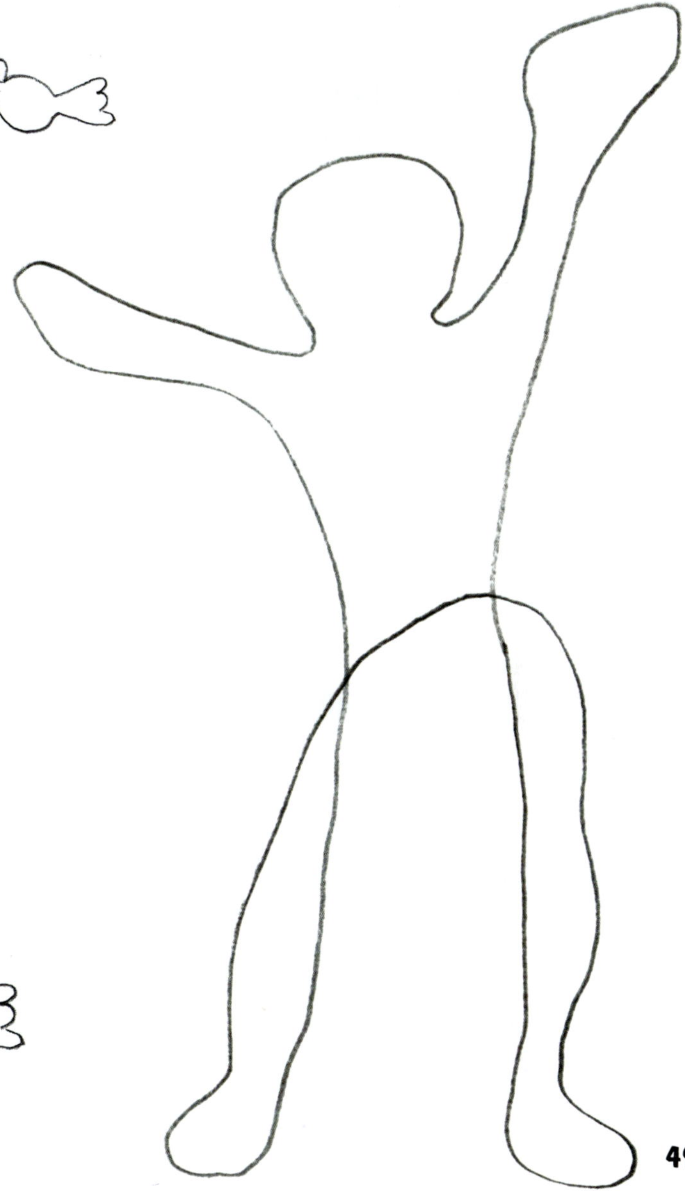

Material:
Bleistift,
Schreib- oder
Zeichenpapier

Zeichne zuerst ein paar Probeblätter mit einfachen Formen aus einer Linie. Sobald du mit dem Stift absetzt, ist die Zeichnung fertig.

Nach und nach bekommst du ein Gefühl für die Formen und kannst komplizierte Figuren, Dinge, Pflanzen oder Tiere aus nur einer Linie zeichnen.

Material:

weißer Farbstift,
bunte Farbstifte,
Schere oder Schabegerät,
Zeichenpapier

Der Trick mit dem weißen Stift

Batik nennt man die Maltechnik, bei der Teile des Bildes abgedeckt werden, um nachher einen interessanten Kontrast zu bilden.

Mit einem weißen Farbstift zeichnest oder schreibst du auf das weiße Zeichenpapier. Drücke mit dem Stift dabei fest auf und zieh die Linien auch ein paar Mal nach. Du hast eigentlich immer noch ein weißes Blatt Papier vor dir.

Nimm nun einen Farbstift und kratze mit der Schere oder einem anderen Schaber die Farbstiftmine über dem Papier ab. Nimm ein paar andere Farben und kratze noch mehr Farbbrösel auf das Papier. Verreibe die hellsten Farbbrösel vorsichtig, dann die dunkleren und am Schluss die dunkelsten, bis alle Farben gleichmäßig verteilt sind.

Sieh da, die weißen Linien, Muster, Zeichen und Bilder kommen zum Vorschein!

Bleistiftzeichnung – Rumpelwichte

Eine Zeichnung besteht – im Unterschied zur Malerei – aus einigen oder ganz vielen Linien. Je mehr und je dichter die einzelnen Linien sind, umso voller und flächiger wird das Bild.

Skizziere leicht die Umrisse der Figur, die du zeichnen willst. Fülle das Bild mit vielen kleinen, feinen Linien und Strichen aus, bis es voll ist.

Du musst dich gut auf deine Arbeit einlassen, denn es braucht schon einige Zeit, Ruhe und Konzentration. Beim Geschichtenhören oder mit passender Musik geht das vorzüglich und ist auch sehr entspannend.

Du wirst staunen, welche Bilder entstehen!

Material:

Bleistift, Zeichenpapier

Bleistiftzeichnung entstehen lassen

Die Kinder unserer Klasse wünschten sich, das Buch „Ronja Räubertochter" von Astrid Lindgren zu hören und zu lesen. So gab es täglich eine Vorlesezeit mit einem „Ronja Räubertochter"-Kapitel.

Beim Zuhören zeichneten die Kinder auf großen Plakaten Bilder zur Geschichte.

Material:
Bleistift,
Plakatpapier (A2-Format),
etwas zum Zuhören

Diese Arbeit braucht einige Zeit, am besten arbeitest du in Fortsetzungen an mehreren Tagen.

Breite das Plakatpapier vor dir aus, lausche der Geschichte, stell sie dir vor und beginne Linie für Linie Bilder aus deiner Vorstellung auf das Papier zu bringen. So entsteht im Laufe der Zeit, also zum Beispiel während eines ganzen Buches, eine tolle Zeichnung aus deiner Vorstellung mit Hunderten feinen Linien.

Mandalas erfinden

Mandalas sind Muster und Bilder, die von einem Zentrum nach außen gehen. Malvorlagen gibt es bereits Tausende zu kaufen. Aber eigentlich macht es viel mehr Spaß, selber Mandalas zu erfinden.

Material:
Bleistift,
Zirkel,
Tuschstift oder feiner schwarzer Filzstift,
Zeichenpapier

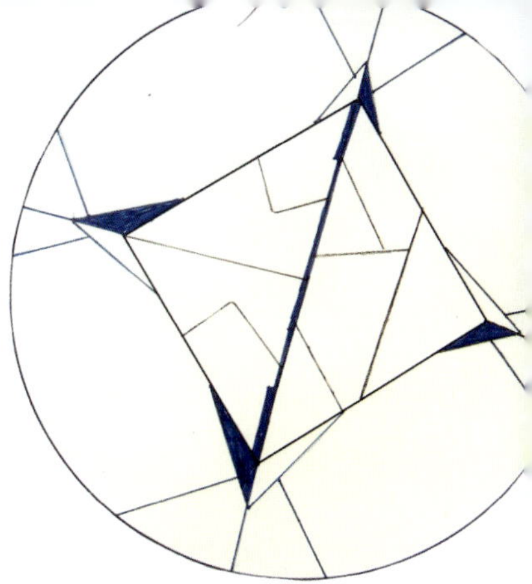

Mit dem Zirkel ziehst du ein paar feine Kreise im Abstand von 3 cm, die dir dann beim Zeichnen als Orientierungshilfe dienen.

Denk dir ein Grundmotiv aus, das im Zentrum des Bildes steht. Dieses Motiv oder Muster soll immer wieder vorkommen. Du kannst zum Beispiel ein Sterne- oder ein Blumenmandala machen, ein Steine- oder ein Wassermandala, ein Drachen-, Spinnen- oder Gespenstermandala. Oder, oder, oder …

Zeichne die Muster und Figuren mit Bleistift leicht vor und ziehe die Linien mit dem Tuschstift oder einem feinen Filzstift nach. Ist die schwarze Farbe gut getrocknet, radierst du ganz leicht die Bleistiftlinien weg.

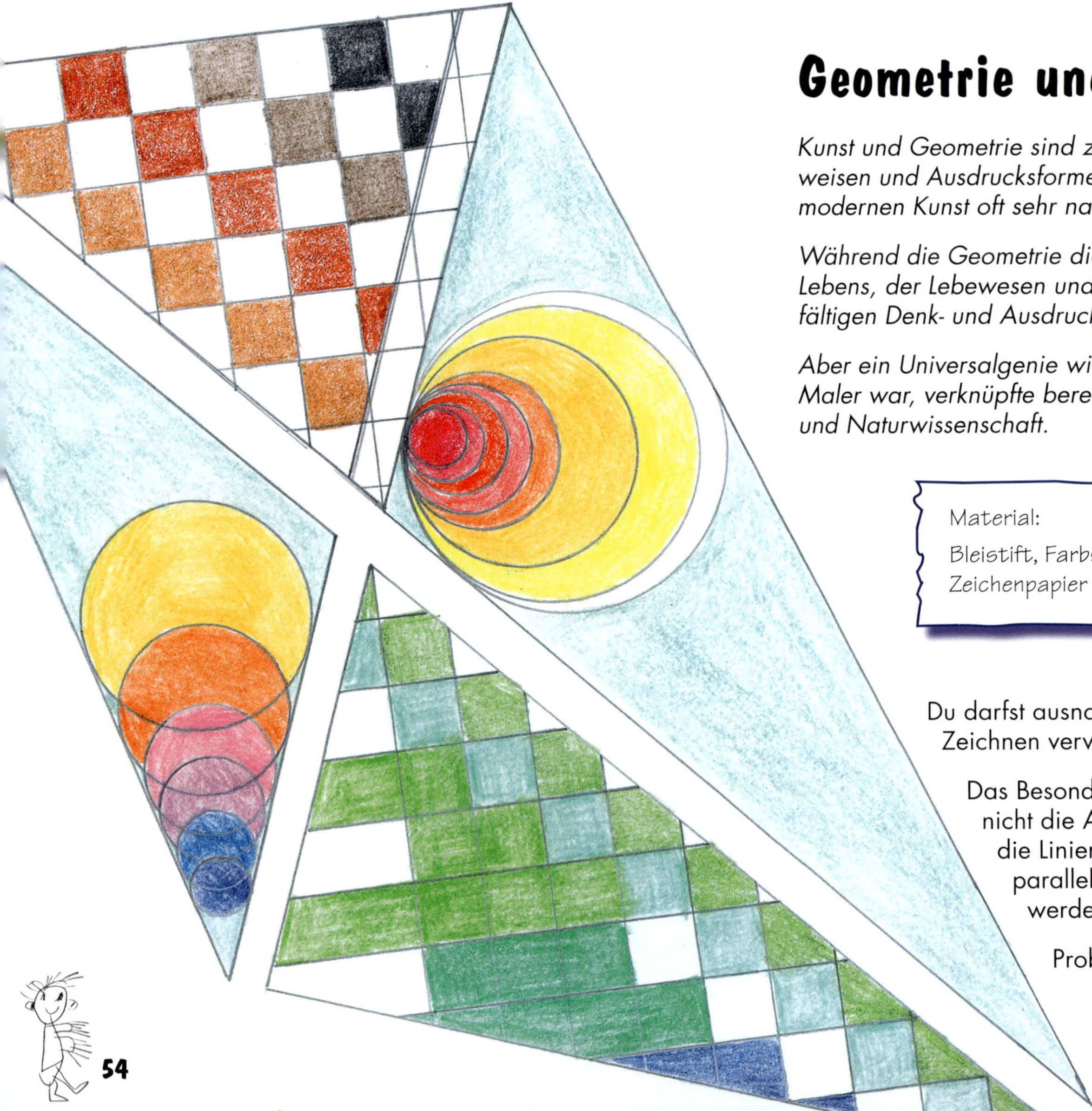

Geometrie und Kunst

Kunst und Geometrie sind zwar ziemlich unterschiedliche Betrachtungsweisen und Ausdrucksformen, sie kommen sich aber gerade in der modernen Kunst oft sehr nahe.

Während die Geometrie die Wissenschaft von der Messbarkeit des Lebens, der Lebewesen und Lebensräume ist, sucht die Kunst nach vielfältigen Denk- und Ausdrucksmöglichkeiten.

Aber ein Universalgenie wie Leonardo da Vinci, der Naturgelehrter und Maler war, verknüpfte bereits im 15. Jahrhundert zum Beispiel Kunst und Naturwissenschaft.

Material:

Bleistift, Farbstifte, Lineal, Zirkel, Zeichenpapier

Du darfst ausnahmsweise ein Lineal und einen Zirkel zum Zeichnen verwenden.

Das Besondere an der geometrischen Kunst ist aber nicht die Arbeit mit diesen Geräten, sondern wie die Linien zueinander stehen – rechtwinkelig oder parallel, in gleichen Abständen oder immer weiter werdend.

Probier es einfach aus!

Zeichengeräte mit alter Geschichte

Ein Kapitel, das bei der Kunst der Linie nicht fehlen darf, sind alte Schreib- und Zeichenfedern, die du leicht selbst oder mit wenig Hilfe herstellen kannst.

Zeichnen & Schreiben mit dem Gänsekiel

Bevor die Stahlfedern erfunden wurden, verwendete man zum Schreiben Gänsefedern, da diese einen besonders harten Kiel haben. Der Kiel wurde mit einem scharfen Messer abgeschrägt, ins Tintenfass getaucht und schon konnte man fein schreiben. Allerdings musste man ihn immer wieder in die Tinte tauchen.

Je nach Flügel waren Gänsekiele gut für Links- oder Rechtshänder geeignet.

> Material:
>
> Gänsefedern (bei Bauern erhältlich),
> Taschenmesser,
> Tintenfläschchen,
> Zeichenpapier

Gänsefedern bekommt man bei Bauern, besonders zur Zeit der Gänsebraten, also zu Martini und Weihnachten.

Mit einem relativ scharfen Taschenmesser schrägst du die Spitze der Feder – den Federkiel – ab. Die Federspitze kannst du fein, also spitz lassen oder breiter machen, wenn du breitere Linien zeichnen willst.

Tauche die Feder ins Tintenfläschchen, streife sie am Rand vorsichtig ab, sonst gibt es Kleckse! Beginne nun mit deiner ersten Federkielzeichnung!

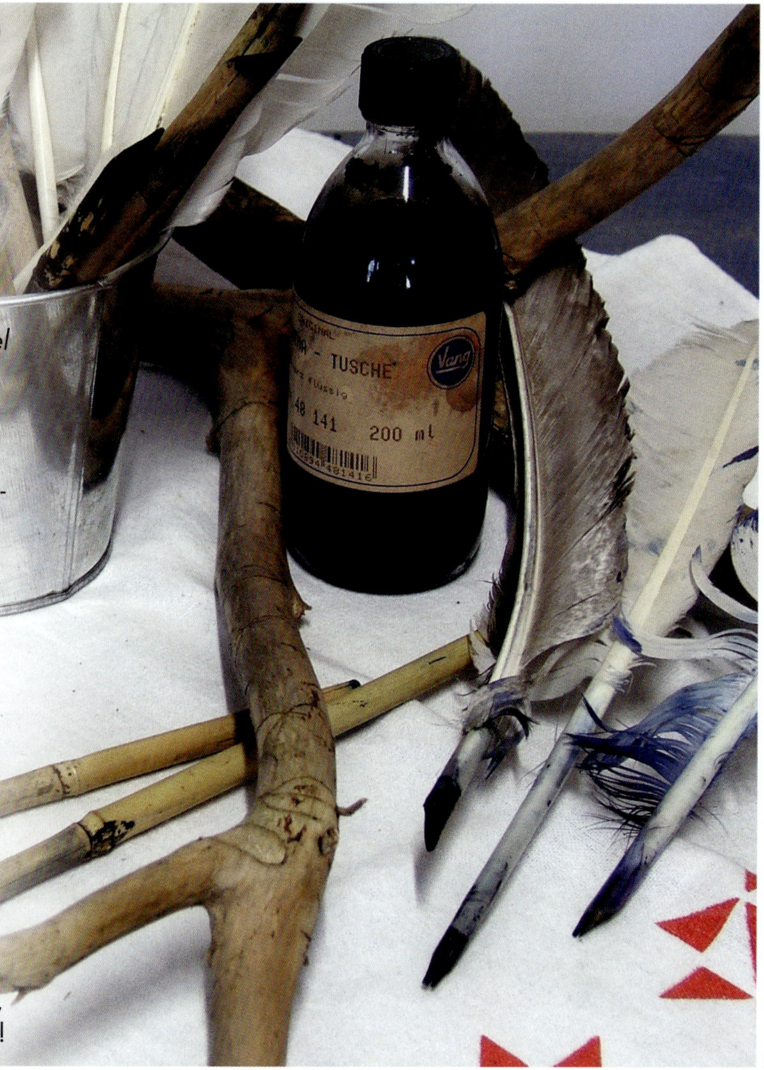

Material:

Bambusrohrstäbe mit etwa 1 cm Stärke, Säge, scharfes Messer, feiner Handbohrer, Holzbrett als Schneideunterlage, Tintenfläschchen, Zeichenpapier

Eine Rohrfeder machen

In warmen Ländern Asiens und am Mittelmeer wurden in alter Zeit Schreib- und Zeichenfedern aus einem Rohrstab hergestellt. Bambusrohr ist ebenso wie der Gänsekiel sehr hart und kann daher lange verwendet werden.

Säge vom Bambusstab ein 20 cm langes Stück ab. Achte darauf, dass bei der Spitze kein Gelenk im Rohrstab ist. Mit einem scharfen Messer schrägst du die Federspitze ab. Achtung – Bambus ist sehr hart!

Das Holzmark kratzt du heraus und bohrst mit einem feinen Handbohrer vorsichtig etwa 2 cm vor der Spitze ein kleines Loch. Lege die Feder auf ein Schneidbrett und ritze vom Loch zur Spitze einen feinen Spalt. Das wird der Tintenkanal. Die Federspitze schrägst du mit dem Messer ab. Fertig!

Tauche deine Rohrfeder ins Tintenfläschchen, streife sie am Rand des Fläschchens ab und schreib oder zeichne mit der Rohrfeder.

MALEREI & DAS SPIEL MIT DEN FARBEN

Kunst
gibt nicht das Sichtbare wieder –
Kunst macht sichtbar.

Paul Klee

Gestaltet man Flächen mit Farbe, so spricht man von Malerei. In ihrer Vielfältigkeit von Farbmaterial, Malgeräten und Malgründen bildet die Malerei ein beinahe endloses Spektrum an Gestaltungsmöglichkeiten. Die Malerei begleitet die Menschheit und das Menschsein von Anbeginn an.

Jeder Mensch möchte Spuren hinterlassen, Bilder malen – von klein auf. Mit dem Finger entstehen Bilder an der beschlagenen Fensterscheibe, Matschstiefel ziehen Erdspuren auf dem Gehsteig, bunte Finger malen Gesicht, manchmal auch Kleidungsstücke und Möbel, vor allem viel Papier an. Später kommen Pinsel und Farbtiegel dazu und kleine Künstlerinnen und Künstler gestalten kleine und große Bilder – richtige Malereien.

In der Kunstgeschichte reichen die Spuren künstlerischen Gestaltens bis in die Urgeschichte der Steinzeit zurück. Gemalte Zeichen und Symbole oder Höhlenmalereien beweisen den kreativen Umgang mit Farbmitteln, der nun schon einige Tausend Jahre zurückliegt.

Dazu trugen z. B. die Erkenntnisse im Herstellen von Farben aus Naturmaterial, aus Pflanzen, Teilen von Tieren, Gesteinspigmenten und Metallstaub bei oder das Anmischen mit Bindemitteln aus Pflanzenharzen, Eiweiß oder Ölen. Ebenso wurden Erfahrungen mit vielerlei Malgründen gesammelt – mit Stein, Holz, später dann Leinwand und Papieren. Immer reichhaltigere Gestaltungstechniken entwickelten sich in der Kunst.

Farb-Chromatografie

„Chroma" ist das altgriechische Wort für „Farbe", eine „Chromatografie" ist also eine „Farbzeichnung", und zwar die Zerlegung einer Farbe in all ihre Farbteilchen, sodass man sie einzeln erkennen kann.

Bei dieser Farb-Chromatografie stellst du nicht nur schöne Muster her, du machst allerlei interessante Entdeckungen.

Male mit einem Filzstift einen Punkt in die Mitte des Filterpapiers, etwa in der Größe eines 1-Cent-Stückes. Filterpapiere bekommst du im Lebensmittelgeschäft als Filtertüten oder kreisrund. Die runden Filterpapiere eignen sich besser.

Mit der Pipette saugst du Wasser aus dem Wasserglas und tropfst einen Tropfen Wasser – vielleicht noch einen und noch einen – auf den Filzstiftpunkt, indem du die Gummikappe der Pipette leicht zusammendrückst.

Pipetten gibt es in der Apotheke oder im Laborgeschäft. Vielleicht habt ihr zu Hause ein leeres, sauberes Fläschchen von Nasentropfen oder Ähnlichem.

Was beobachtest du an dem Farbpunkt, nachdem er feucht geworden ist? – Die Farbe rinnt auseinander und je nach Stift und Farbe kommen weitere Farben zum Vorschein!

Probiere es mit verschiedenen Farben und Filzstiftmarken, denn die Zusammensetzung ist oft ganz unterschiedlich. Besonders spannend ist dieses Experiment mit schwarzen Filzstiften.

Sind die verschiedenen Farbrosetten, die Farbkreise getrocknet, reißt du sie kreisrund aus und klebst sie auf ein buntes Papier. Auch als Schmuck für Postkarten oder Briefe eignen sich diese Farbbilder sehr gut.

Material:

Kaffeefilter aus weißem Papier, mehrere Filzstifte, Pipette, Wasserglas

Murmelbilder

Murmelbilder entstehen ganz ohne Pinsel – das Malgerät, das du dafür benötigst, ist eine einfache Glasmurmel.

Das Zeichenpapier schneidest du auf die Größe des Schachteldeckels zurecht und legst es hinein. Verteile ein paar Tropfen Farbe auf das Papier.

Lass nun die Murmel auf dem Papier hin- und herrollen, sodass sie immer wieder durch die Farbtropfen rollt. Sie zeichnet dir wunderschöne Muster.

Kreisrunde Murmelbilder

Damit das Bild kreisrund wird, brauchst du einen runden Rahmen, den du in den Schachteldeckel stellen kannst. Zum Beispiel eignen sich Verpackungsmaterialien aus Styropor dazu. (Torten aus dem Supermarkt werden so verpackt.)

Wahrscheinlich musst du etwas suchen, damit die Größen von Schachteldeckel und rundem Rahmen zusammenpassen, aber die Bilder werden ganz toll!

Riesengroße Murmelbilder

Sollen die Murmelbilder riesengroß werden, so groß wie ein Plakat etwa, so brauchst du natürlich großes Papier (Packpapier oder Plakatpapier) und einen großen Schachteldeckel. Dazu kannst du große Bäckerkartons oder eine große Holzlade verwenden.

Schneide das Papier in der passenden Größe zurecht, gibt einige Farbtupfen hinein und lass die Murmel rollen. Am besten machst

du diese Bilder gemeinsam mit anderen Kindern, so könnt ihr die große Fläche besser halten und habt eine Menge Spaß dabei.

Probier es nun auch mit mehreren Murmeln oder mit größeren Kugeln.

Material:

eine Glasmurmel – oder zwei oder drei,
Farbfläschchen mit Finger- oder Temperafarben,
Wasser und Malfetzerl (-lappen),
Zeichenpapier, Schachteldeckel

Pinseldruck

Pinseldruckbilder sind sehr schön und wirken wunderbar beruhigend. Mit Pinseldruck kannst du auf einfache Weise tolle Muster und allerlei Verzierungen gestalten.

> Material:
>
> mehrere Haarpinsel, Wasserfarben, Malbecher und Malfetzerl (-lappen), Zeichenpapier

Die Farbe in deinem Malkasten rührst du mit dem Pinsel gut an. Leg den Pinsel flach in den Farbknopf und drehe ihn so, dass die Pinselhaare rundum voll Farbe und schön zu einer Spitze gedreht sind.

Bevor du auf das Zeichenblatt druckst, mach Probedrucke auf einer alten Zeitung.

Beginne in der Mitte des Blattes und drucke einen Strahlenstern. Dreh dabei das Blatt und lass das Muster immer weiter nach außen wachsen.

Mit der Pinseldrucktechnik kannst du dem Bild auch einen schönen Rahmen geben.

Wattestäbchendruck

Wattestäbchen finden sich in fast jedem Badezimmer. Sie passen aber genauso gut in jede Malschachtel. Denn Tupfmuster auf Papier, Briefen und Kuverts, Ostereiern … lassen sich damit leicht und schön machen.

Material:

mehrere Haarpinsel,
Wasserfarben,
Malbecher und Malfetzerl (-lappen),
Zeichenpapier

Statt eines Pinsels verwendest du diesmal zum Malen viele Wattestäbchen.

Mach ein Wattestäbchen feucht und rühre Wasserfarbe an. Nach einem Probedruck auf einer alten Zeitung kannst du beginnen, Punktbilder und Muster zu drucken. Das Wattestäbchen kannst du nicht gut auswaschen, verwende daher für jede Farbe ein eigenes.

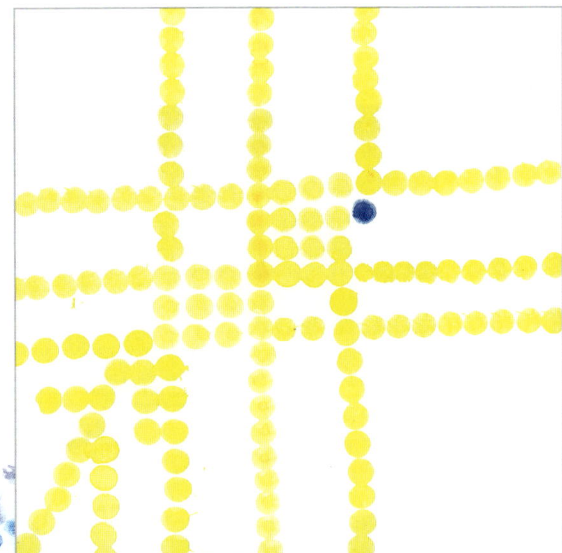

Aquarellmalerei

„Aqua" bedeutet Wasser. Bei der Aquarellmalerei wird mit Farbe und viel Wasser gestaltet. Wasserfarben – besser hochwertige Wasserfarben oder richtige Aquarellfarben – lassen schöne Bilder entstehen.

Malerei auf feuchtem Papier: Feuchte das Papier mit dem Schwamm an. Es soll jedoch nicht zu nass sein. Tropfe mit dem Pinsel Farbe ins feuchte Papier. Die Farbe breitet sich auf dem Papier aus und ergibt effektvolle, interessante Muster.

Wasserfarbenmalerei mit Wassertropfen: Aquarellmalerei kannst du auch in umgekehrter Weise machen. Male zuerst mehrere Farbflächen mit Wasserfarbe auf das Papier. (Die Farbe darf nicht gleich trocknen.) Mit einem Haarpinsel tropfst du im Nachhinein sauberes Wasser in die Farben. Das Wasser erzeugt nun schöne Farbkreise und Muster in deinem Bild.

Material:

Wasserfarben oder Aquarellfarben, Schwamm, Haarpinsel, Wasserbecher und Malfetzerl (-lappen), Zeichenpapier oder Aquarellpapiere

Wasserfarbe und Salzkreise

Salz hat die Eigenschaft, dass es Wasser aufsaugt. Diese Eigenschaft lässt sich auch in der Wasserfarbenmalerei interessant einsetzen und du kannst besondere Strukturen in deinen Bildern schaffen.

Du malst mit einem Haarpinsel und gut wässriger Farbe bunte Flächen auf das Zeichenpapier. Streu anschließend einige grobe Salzkörner auf das Bild. Das Salz saugt Feuchtigkeit, also wässrige Farbe auf und bildet dabei schöne Muster.

Diese Technik kannst du nun ganz bewusst einsetzen: Male zum Beispiel den Himmel eines Bildes mit blassblauer Wasserfarbe und streue dort Salzkörner darauf. So bekommt der Himmel ein besonderes Muster, das sich gut von der übrigen deckenden Malerei abhebt.

Auch wenn du ein Meeresbild, Bäume, Landschaften … malst, kannst du den Farbflächen interessante Strukturen geben.

Material:

Wasserfarben,
Haarpinsel,
Malbecher und
Malfetzerl (-lappen),
Zeichenpapier,
grobkörniges Salz

Material:

wasserfeste Ölkreiden,
Wasserfarben,
Malschälchen,
Pinsel,
Wasserbecher und Malfetzerl (-lappen),
Zeichenpapier

Kontrastmalerei

Kontrastmalerei bedeutet, dass beim Malen ganz bewusst Gegensätze, also Kontraste verwendet werden. In der Farblehre gibt es sieben verschiedene Kontrastarten. Einige davon kennst du vielleicht schon: helle und dunkle Farben; Farben, die kalt oder warm wirken; Farben, die – im Farbkreis – einander gegenüberliegen, also gegensätzlich sind; Farben, die heller oder dunkler gemacht werden; Farben mit stärkerer oder schwächerer Farbkraft …

Bei der Malerei auf dieser Seite versuchst du zunächst den Komplementärkontrast, du verwendest also Farben, die im Farbkreis gegenüberliegen. Dann stellst du einen Qualitätskontrast her, bei dem du zwar nur eine Farbe verwendest, sie aber immer mehr aufhellst oder verdunkelst.

Mit der Ölkreide, zum Beispiel mit Gelb, malst du auf das Zeichenpapier kräftige gerade Linien, die sich überschneiden. So entstehen viele Felder auf dem Blatt.

Die komplementäre, also die im Farbkreis Gelb gegenüberliegende Farbe ist Violett.

Mische in mehreren Malschälchen verschiedene helle und dunklere, mehr rote oder blaue Violetttöne und male einige Felder an. Male dabei immer gleichmäßig in eine Richtung.

Mische weiter und weiter. Mit etwas Grau oder Schwarz kannst du das Violett immer dunkler machen.

Farbe und Konturen

Beinahe unfertig wirken Malereien, wenn die Farben keine Übergänge bilden oder sich nicht berühren. Dabei machen diese „Risse" und Trennlinien zwischen den Farbflächen ein Bild sehr spannend und interessant.

Material:

Wasserfarben oder Temperafarbe,
Haarpinsel, Borstenpinsel, Stupfpinsel,
Wasserbecher und Malfetzerl (-lappen),
Zeichenpapier oder Aquarellpapiere

Mit dem Haar- oder Borstenpinsel malst du diesmal sehr deckend. Rühr die Farbe im Farbkasten gut und nicht zu nass an.

Achte bei deinem Bild darauf, dass sich die Farbflächen nicht berühren, sondern dass zwischen den Farben weiße „Risse", also Trennlinien oder Konturen bleiben.

Diesen Effekt erzielst du auch auf andere Weise: Mit einem Stupfpinsel, das ist ein runder Borstenpinsel, kannst du die Farbe auftupfen – aufstupfen.

Dein Bild wirkt irgendwie wie ein altes, etwas verwittertes Mosaik mit größeren Farbflächen. Abstrakte Farbenspiele, Naturmalerei oder Landschaftsbilder wirken auf diese Art sehr spannend.

Regentag – Wasserfarbe und Tusche

Der Maler Friedensreich Hundertwasser zählt zu den bedeutenden österreichischen Künstlern des 20. Jahrhunderts. Seine Bilder, Skulpturen und Architekturen haben eine besondere Leuchtkraft der Farben und Verspieltheit der Formen.

„Regentag" nannte er nicht nur sein Schiff, es war sein Lieblingstag zum Malen, da bei Regen die Farben der Natur besonders intensiv und kräftig sind.

Durch besondere Kontraste unterstützte er das Leuchten seiner Farben noch mehr. Er umrandete die Farben zum Beispiel mit Schwarz oder Gold.

Material:

Wasserfarben, Tusche, dicke und feine Haarpinsel, Malbecher und Malfetzerl (-lappen), Zeichenpapier

Male mit kräftiger Wasserfarbe mehrere Farbflächen, Muster oder zum Bespiel ein Fantasieschloss. Rundherum, also als Hintergrund malst du mit sehr wässriger Farbe. So bekommt der Vordergrund noch mehr Farbkraft. Die Malerei muss gut trocknen.

Mit einem feinen Pinsel und Tusche ziehst du die Konturen, die Grenzen vieler Farbflächen nach. Dein Bild leuchtet wie der Regentag!

Hundertwassersäule

Viele auffällige Bauwerke, die Friedensreich Hundertwasser entworfen hat, gibt es im In- und im Ausland. Das Hundertwasserhaus in Wien, das Thermalbad Blumau, die Kirche in Bärnbach und viele andere Gebäude locken BesucherInnen an.

Mit Fantasie, Geschick und helfenden Kindern oder Erwachsenen kannst du aus Pappe eine Hundertwassersäule bauen. Für runde Säulen brauchst du ein dickes Papprohr oder Pappringe, die mit Holzleisten zusammengebaut werden. Solche Teile bekommt man in Papierfabriken, in Teppich- oder Textilgeschäften.

Zuerst muss die Pappsäule mit weißer Dispersionsfarbe grundiert werden. Ist die Grundierung trocken, skizzierst du mit Bleistift Muster und Formen auf der Säule.

Tipp: Betrachte die Säule immer wieder aus größerem Abstand, so erkennst du gleich, ob die Formen passen und gut wirken und vor allem nicht zu klein sind.

Sind die Muster und Formen passend skizziert, beginnst du mit Borstenpinsel und Farbe die Bemalung der einzelnen Flächen. Sind alle Flächen bemalt und fehlt nichts mehr, was noch bunt sein soll, wird der Hintergrund einfärbig ausgemalt.

Zum Schluss werden mit feinem Pinsel und schwarzer Acrylfarbe einzelne Konturen nachgezeichnet.

Soll die Säule auch ein Dach haben, so kannst du aus einem Karton ein Flachdach, aus Tonpapier ein Spitzdach oder aus einem großen Luftballon, den du mit Kleisterpapier überziehst, eine Kuppel machen.

Material:

Pappsäule,
weiße Dispersionsfarbe, bunte Dispersions- und Acrylfarbe,
schwarze Acrylfarbe,
Borstenpinsel,
Malbecher und Malfetzerl (-lappen)

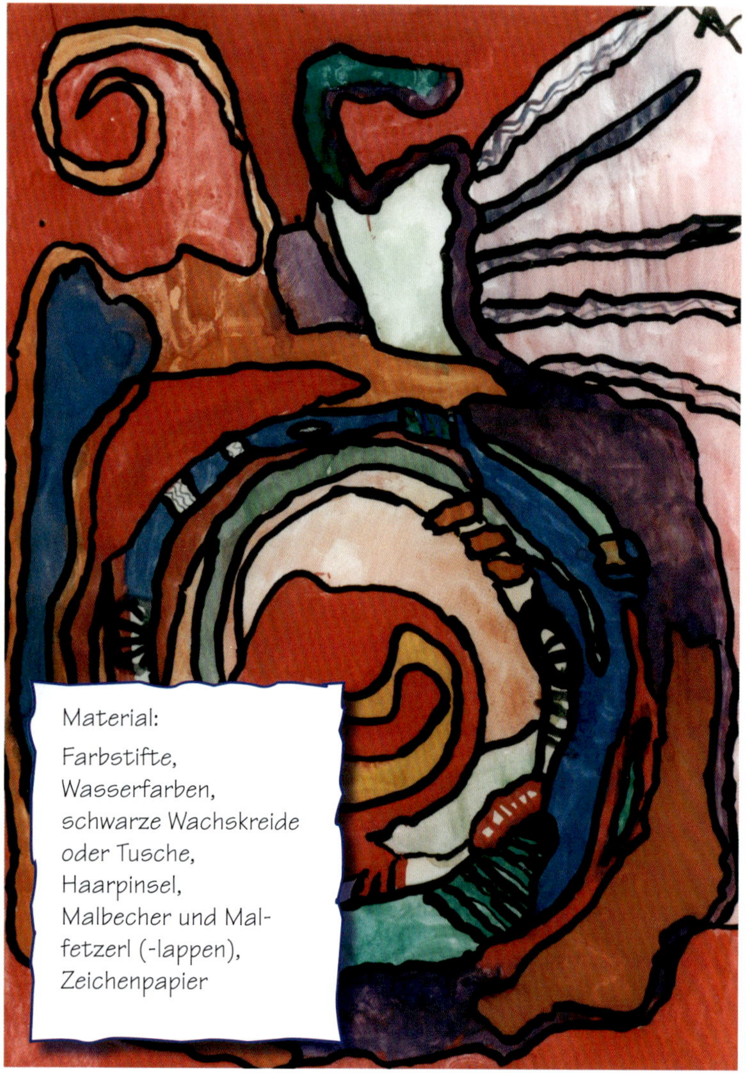

Material:
Farbstifte,
Wasserfarben,
schwarze Wachskreide
oder Tusche,
Haarpinsel,
Malbecher und Malfetzerl (-lappen),
Zeichenpapier

Bunte Flächen & schwarze Linien

Viele Maler der Moderne, zum Beispiel Joan Miró oder Wassily Kandinsky, verwendeten absichtlich scheinbar einfache Stilmittel, um interessante Bilder zu schaffen. Sie spielten geradezu mit Linien und Flächen, die sie ganz bewusst und mit viel Wissen, Können und Gespür einsetzten.

Manche, wie zum Beispiel Paul Klee, führten genaueste Beobachtungen, Berechnungen und Skizzen über Formen und Größen, über Proportionen aus, bevor sie zu Werke gingen.

Mit Farbstiften oder Wasserfarben gestaltest du auf dem Zeichenblatt bunte Flächen, zusammenhängend oder lose. Verwende einmal dünne und fast durchscheinende Farbe, zwischendurch kräftige und deckende Farbe. Bei der Malerei mit Wasserfarbe müssen die bunten Flächen erst gut trocknen, bevor du an dem Bild weiterarbeitest.

Male mehrere Linien mit Tusche um die Farbflächen oder auch in die Farbfelder hinein. Diese Linien können gerade oder krumm, offen oder geschlossen, gekreuzt, dick oder fein sein – wie sie dir gerade einfallen oder wie du sie in deinem Kopf siehst. Lass deinen Pinsel einfach tanzen, schwungvoll oder ganz behutsam.

Überschneidungen und Flächen

Flächen entstehen durch Begrenzungen, durch Linien. Schließt sich eine Linie, so bildet sie gleichfalls eine Fläche, eine kreisrunde, ovale, eckige, quadratische …

Material:

Bleistift, Farbstifte, Wasserfarben, schwarze Wachskreide oder Tusche, Malbecher und Malfetzerl (-lappen), Zeichenpapier (A3 oder A2)

Zeichne mit Bleistift Linien auf das Papier, die sich überschneiden und am Ende schließen. Es entstehen dabei allerlei Fantasiefiguren. Die entstandenen Flächen innerhalb der Linien malst du nun an. Bei kleinerem Papierformat kannst du dafür Farbstifte verwenden. Auf großem Format verwendest du besser kräftige Wasserfarben.

Ziehe eventuell manche Konturen, die Begrenzungslinien, noch einmal nach.

Das Drumherum der Figuren, also den Hintergrund malst du mit sehr verdünnter oder wässriger Wasserfarbe an.

Beachte, dass deinem Bild vor allen die Linienbilder, die so entstandenen Figuren den wesentlichen Charakter geben. Der Hintergrund darf also nicht ablenken. Darum ist es wichtig, dass du die Hintergrundfläche sehr gleichmäßig, vielleicht mit einem breiten Pinsel ausmalst.

Name-Muster-Farbe, eine Art Selbstporträt

Ein Porträt ist die Abbildung eines Menschen. Ein Selbstporträt ist daher die Abbildung von mir selbst. Porträts können Fotos sein oder Zeichnungen und Malereien. Sie zeigen, wie der abgebildete Mensch aussieht und ist.

Ein Porträt könnte aber auch das zeigen, was oder wie du bist, was dir wichtig ist – deine Lieblingsformen und -muster, deine Lieblingsfarben, dein Name.

Material:
Ölkreiden, Wasserfarben,
Pinsel, Becher, Malfetzerl (-lappen),
Zeichenpapier (A3 oder A2),
eine Unterlage

Du beginnst diese Mischtechnik mit Ölkreiden.

Schreib groß deinen Namen mit Ölkreide und lass daraus gleich ein Muster entstehen. Ziehe die Kreidestriche mehrmals nach und drücke gut auf, damit die Linien deutlich zu sehen sind.

Bist du mit den Mustern zufrieden, nimmst du die Wasserfarben und malst in deinen Lieblingsfarben die entstandenen Flächen und das Rundherum an. Die Wasserfarben sollen eher wässrig sein, so kommen die Ölkreidenlinien besser zur Geltung und bilden einen besseren und schöneren Kontrast.

Spurenmalerei

Bilder malen ist alleine schon schön, gemeinsam malen macht Freude und ist oft sehr spannend.

Material:

Kohlestift, Braunkreiden,
Pastellkreiden in passenden Farbtönen,
weiße, rechteckige Kartonplatten, etwa 20 cm mal 12 cm,
Kreppklebeband,
Fixativ oder Haarspray

Zuerst werden die Kartonplatten zu einer großen Fläche gelegt und mit einem Ringerl aus Kreppklebeband am Boden befestigt. Es werden so viele Platten gelegt, wie Kinder malen möchten.

Alle Kinder knien um die Fläche herum und das erste beginnt, mit dem Kohlestift eine Linie zu zeichnen. Der Kohlestift wandert weiter und das nächste Kind zeichnet eine weitere Linie auf der gemeinsamen Fläche. So geht es weiter, bis alle Kinder eine Spur hinterlassen haben.

Du suchst dir nun eine Kartonplatte aus, löst sie aus dem Gesamtbild heraus und gestaltest das mit Kohle begonnene Muster mit Braun- oder Pastellkreiden weiter, malst Flächen an, erfindest passende Muster dazu usw. Bist du mit deiner Malerei fertig, sprühst du das Kreidebild mit dem Fixier- oder Haarspray ein.

Spannend wird es nun, das Bild wieder so zusammenzubauen, wie es zu Beginn war. Ist da nicht ein tolles Gemeinschaftskunstwerk entstanden?

Material:

kleine Keilrahmen (10 cm mal 10 cm),
Dispersionsfarbe,
Acrylfarbe,
Malgefäße für die Farben,
Borstenpinsel, Stupfpinsel, Spachtel,
Malbecher und Malfetzerl (-lappen)

Ton-in-Ton-Malerei – ein Bildermosaik aus kleinen Keilrahmen

Viele Einzelheiten machen ein Kunstwerk – viele kleine Bilder ergeben ein Gemeinschaftskunstwerk.

Zuerst muss sich die Gruppe auf einen oder zwei Farbtöne einigen. Aus den Dispersions- und Acrylfarben werden die ähnlichen und passenden Farben ausgesucht und jede Farbe in einem Malgefäß, einem Schüsserl angerichtet.

Du gestaltest den kleinen Keilrahmen mit wenigen Farben, aber viel Fantasie. Verwendest du die Farbe direkt aus dem Malgefäß und deckend oder verdünnst du sie mit Wasser?

Lässt du die Farben von einer zur nächsten verlaufen oder belässt du einen Rand?

Stupfst du mit dem Pinsel die Farbe auf den Keilrahmen oder spachtelst du?

Eine Vielzahl von Maltechniken und persönlichen Malformen machen aus einer oder zwei Farben ein interessantes, schönes Gemeinschaftsbild!

Batikmalerei mit Kerze und Wasserfarben

Interessante Bilder entstehen oft dadurch, dass die aufgemalte Farbe nicht überall hingelangen kann, da gewisse Flächen des Bildes vorher abgedeckt wurden. Diese Technik nennt man Batik.

Mit dem Rest einer weißen Christbaumkerze zeichnest und malst du ein Bild, ein Muster auf das Zeichenblatt.

Zeichne dabei sehr kräftig und ziehe die Linien mehrmals nach.

Zuerst ist es noch ein „Geisterbild", das gar nicht zu sehen ist (außer du hältst das Blatt gegen das Licht).

Wenn du nun aber mit eher wässrigen Wasserfarben über die Zeichnung malst, so erkennst du gleich die gezeichneten Linien und Formen. Denn auf dem Kerzenwachs haftet die Wasserfarbe nicht.

Dein Bild kommt nun zum Vorschein und wird dich erstaunen.

Material:
glattes Zeichenpapier,
weiße Kerze,
Wasserfarben,
Haarpinsel,
Malbecher und -fetzerl
(-lappen)

Batikmalerei mit Dispersion und Klebeband

Der Keilrahmen wird mit einer Grundfarbe flächig bemalt und muss trocknen. Wenn du im Freien, in der Sonne arbeitest, trocknen die Farben innerhalb einer Viertelstunde.

Auf die trockene Farbe klebst du mit dem Kreppklebeband ein Streifenmuster oder Flächen. Achte darauf, dass das Klebeband vor allem an den Rändern gut haftet.

Mit einer neuen Farbe malst du wiederum flächig über das ganze Bild und lässt es auch trocknen. Du klebst wiederum Kreppklebeband, diesmal etwas weniger, auf das Bild und malst mit einer weiteren Farbe alles an.

Du kannst beliebig oft kleben und drübermalen. Die letzte Farbschicht ist die Hauptfarbe, die bestehen bleibt. Überleg sie dir gut. Mit dieser Farbe malst du auch den Rand des Keilrahmens an.

Nach dem Trocknen ziehst du die Klebebänder ab und ein vielfarbiges Bild kommt zum Vorschein!

Material:

Keilrahmen, Kreppklebeband,
Dispersions- oder Acrylfarbe, Farbschalen, Borstenpinsel,
Malbecher und Malfetzerl (-lappen)

Batikmalerei & Mosaikbilder

Mit der Abdecktechnik, der Batik, können auch Bilder entstehen, die wie Mosaike ausschauen. In diesem Fall ist nicht das Mosaik bunt, sondern der Hintergrund.

Material:

Keilrahmen,
breites und schmales Kreppklebeband,
Dispersions- oder Acrylfarbe,
Farbschalen,
Borstenpinsel,
Malbecher und Malfetzerl (-lappen)

Auf die weiße Fläche des Keilrahmens klebst du Stücke vom Kreppklebeband in unterschiedlichen geometrischen Formen: Dreiecke, Quadrate, Rechtecke … Streife die Klebestücke gut fest.

Mit verschiedenen Farben übermalst du die Bildfläche und die Mosaikteile.

Dabei kannst du verschiedene Maltechniken verwenden: Farbe aufpinseln, stupfen, Farbe wässrig oder intensiv auftragen. Auf einem großen Keilrahmen kannst du auch gemeinsam mit anderen Kindern malen und so ein Gemeinschaftsbild entstehen lassen.

Nach dem Trocknen ziehst du die Klebebandstücke ab – ein weißes Mosaikbild im Farbenmeer ist entstanden!

Bilder mit Spachtel und Farbe

Es gibt eine ganze Reihe von Malgeräten, mit denen du unterschiedlichste Bilder gestalten kannst. Du kannst die Farbe mit dem Finger auftragen, mit einem Pinsel, aber auch mit unterschiedlichsten Gegenständen – vom Holzspan bis zum Putzschwamm – oder eben mit einer Spachtel.

Spachteln gibt es in verschiedener Ausführung, je nach Arbeitsmaterial und -weise sind sie aus Kunststoff, Gummi, Holz oder Metall, härter, weicher oder gezahnt.

Für gespachtelte Bilder brauchst du eine Farbe, die nicht rinnt, eine pastose, cremige Farbe.

Material:

Finger- oder Temperafarbe, Dispersions- oder Acrylfarbe, Farbschalen zum Anrichten der Farbe, Keilrahmen oder grundierter Karton, Spachteln, Putzfetzerl (-lappen)

Die Farbe trägst du mit einer schmalen Spachtel auf. Dazu brauchst du mehr Zeit als bei der Pinselmalerei. Große Flächen kannst du auch mit einer breiten Spachtel gestalten.

Das Schöne und Interessante an der Spachtelmalerei ist, dass dein Bild eine Struktur aus dickerer und dünnerer Farbschicht bekommt und aussieht, als wäre es aus vielen Bausteinen gebaut.

Mit der Spachtel kannst du noch nachträglich, solange die Farbe nicht trocken ist, Muster kratzen und schöne Farbvermischungen, Farbübergänge auf dem Bild erzeugen.

Bilder mit der Farbwalze

Damit Farbe gut und gleichmäßig aufgetragen werden kann, benützt man eine Farbwalze. So kannst du die Farbe besser verteilen und erzeugst einen regelmäßigen Farbfilm.

Manchmal kannst du mit Absicht diese Regelmäßigkeit umgehen, um tolle Bilder zu gestalten.

Material:

Farbwalze,
Linoldruckfarbe (wasserlöslich),
glatte Farbplatte aus Glas, Plexiglas …,
glattes Zeichenpapier,
Reinigungsmaterial

Aus der Tube drückst du etwas (nicht zu viel!) Linoldruckfarbe auf die Farbplatte. Mit der Farbwalze walzt du immer in einer Richtung die Farbe auseinander.

Unregelmäßige Walzbilder

Solange die Farbe noch nicht gleichmäßig verteilt ist, kannst du bereits mit der Farbwalze interessante Muster auf Papier machen.

Oft ist zu viel Druckfarbe auf der Glasplatte. Diese walzt du einfach auf einer alten Zeitung ab. Ist die Zeitung etwas zerknittert, so hinterlassen die Falten auf der Farbwalze Spuren.

Walze gleich auch auf ein sauberes Papier – ein ganz tolles Bild kommt zum Vorschein!

Monotypie und versteckte Bilder

Hast du die Linoldruckfarbe gleichmäßig auf der Farbplatte verteilt, legst du Papier darauf.

Mit einer Stricknadel, einem Holzstäbchen oder etwas Ähnlichem zeichnest du ein unsichtbares Muster oder Bild auf das Papier. Hebst du vorsichtig das Papier von der Farbe weg, so kommt dein Bild zum Vorschein.

Monotypie und Muster auf der Farbplatte

Zuerst walzt du die Farbe gleichmäßig auf der Farbplatte aus. Mit einem Kratzgegenstand (der Spachtel, einem kleinen Löffel ...) zeichnest du Muster oder Bilder in die Farbe.

Leg ein Blatt Papier auf die Farbplatte und rolle mit einer sauberen Druckwalze darüber. Du kannst statt der Druckwalze auch eine Bürste, einen großen Löffel oder die flache Hand für den Abzug verwenden. Das Druckbild bekommt je nach Art des Werkzeuges für den Abzug ein anderes Aussehen.

Probier es aus!

Material:

Farbwalze, Druckwalze, Linoldruckfarbe (wasserlöslich), glatte Farbplatte aus Glas, Plexiglas ..., glattes Zeichenpapier, Kratzmaterial wie Stricknadel, Holzstäbchen, Spachtel, kleiner Löffel ..., Reinigungsmaterial

Bilder mit der Musterwalze

Wenn man früher gleichmäßige Muster auf großen Flächen haben wollte, zum Beispiel an der Wand, verwendete man Musterwalzen. Einfache Musterwalzen kannst du leicht selber machen.

Zuerst walzt du gleichmäßig etwas Linoldruckfarbe mit der Farbwalze auf der Farbplatte aus.

Aus einer Gummi- oder Schaumstoffwalze, wie du sie im Malereigeschäft oder im Baumarkt bekommst, bastelst du dir mit Gummiringen oder Bindfaden eine einfache Musterwalze. Du umwickelst den Schaumstoffteil ein paar Mal. Der Faden gräbt sich in das weiche Material ein.

Roll nun mit der Musterwalze in der Farbe auf der Farbplatte und walze das Muster auf Zeichenpapier.

Mit dieser einfachen Gestaltungstechnik kannst du große Flächen gestalten und massenhaft Bilder herstellen. Zum Beispiel kannst du so Geschenkpapier erzeugen, Papiertaschen verzieren …

Auf in die Werkstatt!

Material:

Farbwalze, Gummiwalze, Schaumstoffwalze, Bindfaden, Wolle, Gummiringe, Linoldruckfarbe (wasserlöslich), glatte Farbplatte aus Glas, Plexiglas …, glattes Zeichenpapier, Reinigungsmaterial

Malerei auf strukturiertem Hintergrund

Mit Musterwalzen, zusammengeknülltem Papier oder einem Stofffetzerl kannst du strukturierte, also gemusterte Hintergründe für tolle Malereien gestalten.

Material:

pastose, cremige Farbe wie
Wasserfarbe und Deckweiß,
Temperafarbe oder Dispersion,
Farbplatte,
Musterwalze (siehe Seite 79) oder
zusammengeknülltes Zeitungspapier,
festes Zeichenpapier, Zeichenkarton,
breiter Pinsel, dünne Pinsel,
Malbecher und Malfetzerl (-lappen)

Auf einer Farbplatte richtest du die Hintergrundfarbe an. Entweder du mischst eine Wasserfarbe mit Deckweiß cremig an oder du verwendest Tempera- oder Dispersionsfarbe. Verteile die Farbe etwas mit einem breiten Pinsel.

Mit der Strukturwalze oder einem zusammengeknüllten Zeitungspapier nimmst du Farbe von der Farbplatte und gestaltest Muster auf dem Papier.

Nachdem diese Hintergrundfarbe getrocknet ist, malst du mit einem Pinsel und den entsprechenden Farben das Bild weiter.

Sand & Malerei

In der Malerei wird nicht nur mit Farben experimentiert, sondern auch mit allerlei Material. Daraus entstehen interessante Maluntergründe.

Material:

Sand,
Flüssigkleber oder Leim (wasserfest),
Dispersionsfarbe,
Borstenpinsel,
Malbecher und Malfetzerl (-lappen),
Keilrahmen oder Karton

Malst du auf Karton, so kannst du ihn zuerst mit weißer Dispersionsfarbe grundieren.

Ziehe mit dem Klebstoff eine linienförmige oder flächige Spur auf dem Karton oder Keilrahmen. Streu vorsichtig Sand darüber. Auf dem Klebstoff bleibt er haften. Schütte den übrigen Sand wieder zurück. Der Kleber mit Sand muss nun trocknen.

Mit Dispersionsfarbe und Borstenpinsel gestaltest du nun dein Bild weiter, wobei die Sandfigur im Zentrum des Bildes stehen soll.

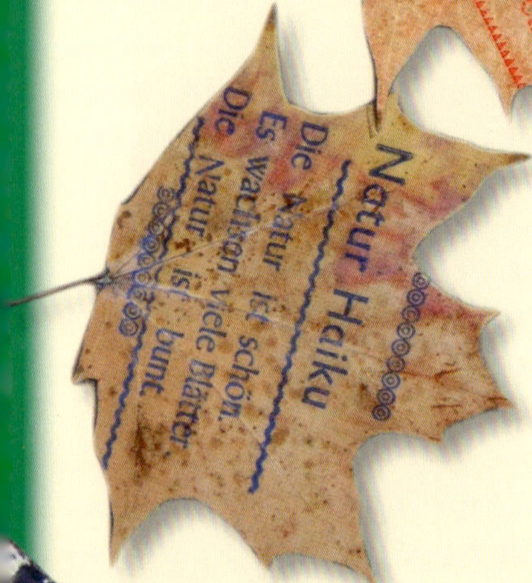

SCHÄTZE DER NATUR

> Die Welt entsteht
> im Auge des Betrachters.
>
> *Humberto Maturana*

Naturschätze sammeln ist uns allen eigen. Kein Ausflug, kein Spielnachmittag in der Natur, keine Wanderung, von der wir nicht mit allerlei Gefundenem zurückkommen. Bunte Steine, Schneckenhäuser, ein besonderes Holzstück und je nach Jahreszeit mal ein paar Frühlingsblumen, Nüsse oder ein schöner Eiszapfen, der leider schon wieder am Schmelzen ist.

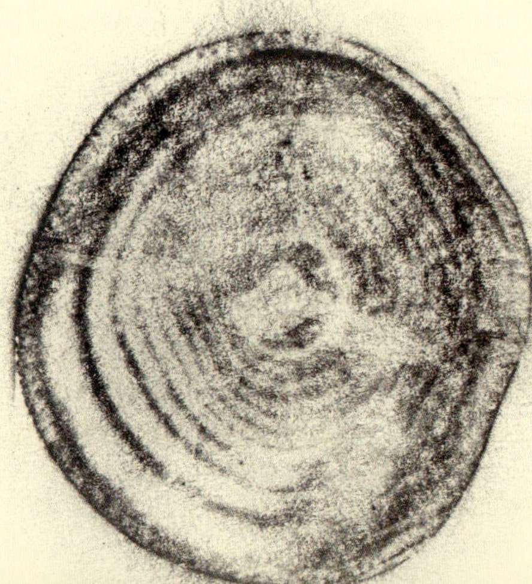

Guckkasten und Naturlyrik

Jeder kennt einen Fernseher, Google Earth und noch viel mehr, um in die Ferne, also fern-zu-sehen.
Aber gibt es auch einen Nahseher, um nah zu sehen?
Gibt es, wenn man sich einen baut.

Material:
schöner Schuhkarton mit Deckel, Schere oder scharfes Messer, Transparentpapier, bunte Papiere, Papierkleber, viele Natursachen, Taschenlampe

In den Deckel des Schuhkartons schneidest du ein handgroßes Fenster und klebst Transparentpapier von der Innenseite an. Von außen sieht es dann wie ein Kirchenfenster aus.

In eine Schmalseite der Schachtel schneidest du ein kleines Guckloch. Die Schuhschachtel beklebst du an der Innenseite mit buntem Papier, vielleicht mit Geschenkpapier.

Leg die Naturschätze – Zweige, Steine, Flechten … – in die Schachtel, manche klebst du am Schachtelrand fest.

Gib den Deckel darauf, leuchte mit der Taschenlampe durch das Fenster im Deckel und schau durch das Guckloch hinein. Du wirst staunen!

Du kannst einen Guckkasten passend zur Jahreszeit bauen: einen rotgelben für den Herbst mit Herbstschätzen, Blättern oder einen blauweiß glitzernden für den Winter mit Sternen und Kristallen …

Oft gibt der Guckkasten Anstoß für allerlei Gedanken und Geschichten.

Viele Gedichte sind Kindern beim Blick durchs Guckloch eingefallen. Und dir?

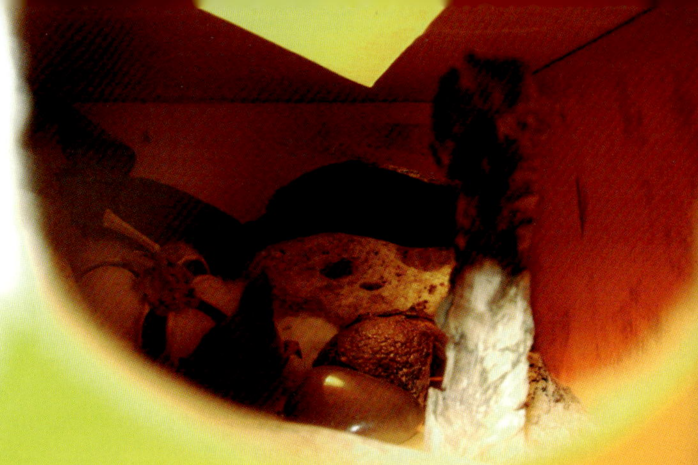

Fensterbilder – Naturstudie, Naturlyrik & Memory

Kleine oder große KünstlerInnen brauchen erst einmal eine gute „Schule des Sehens". Die Natur ist die beste Schule dafür! Und du kannst dich nach deinen Wünschen darin umschauen und bewegen.

Vieles übersieht man leicht und geht einfach daran vorbei. Fensterbilder helfen dir, kleine und unscheinbare Details und Besonderheiten der Natur zu entdecken und genau zu betrachten.

Falte eines der Papierblätter in der Mitte und schneide einen Halbkreis mit 7 cm Durchmesser an der Knickstelle aus.

Schau dich nun um in der Natur. Findest du eine schöne Stelle im Gras, auf der Erde, auf dem Steinboden …, dann leg das Lochblatt dort hin. Schau genau, was im Loch, also im Papierfenster zu sehen ist.

Dabei gehen dir allerlei Eindrücke und Gedanken durch den Kopf. Schreib sie rund um das Papierfenster auf. Das können bloß einzelne Wörter sein, du kannst aber auch Sätze oder einen kleinen Text, sogar ein Gedicht daraus machen.

Versuche das Naturbild, so gut es geht, in gleicher Größe auf das zweite Zeichenpapier in den vielleicht vorher skizzierten Kreis zu zeichnen.

Zum Schluss legst du das Fensterblatt und die Naturstudie übereinander. Passen die Wörter zu deinem Bild?

Wenn mehrere Kinder diese Art von Naturbeobachtung machen, kann daraus ein richtiges Naturmemory werden: Die Fensterbilder und Zeichnungen werden im Raum verteilt. Nun müssen alle genau schauen und lesen, damit sie herausfinden, welche Zeichnung und welches Wörterfenster zusammenpassen.

Material:

zwei A4-Blätter Papier,
Bleistift,
Klemmbrett

Mandalas & Formen der Natur entdecken

Mandalas, also Muster, die sich aus einem Mittelpunkt heraus entwickeln, sind eine der Grundformen der Natur. Eine naturkundliche Entdeckungsreise zu Mandalas und Mustern der Natur kann beginnen.

In unserer Kindergruppe hat sich ein richtiges Forschungsprojekt mit Naturbeobachtung, Mathematik und Kunst zu diesem Thema entwickelt und ein dickes Klassenbuch mit Kindertexten, Skizzen und kunstvollen Bildern ist entstanden.

Material:

Natursachbücher, Taschenlampe, Wasserschüssel, Kerze, Wasserfarben, Wachskreiden, allerlei Stifte, viel Papier

Schau dich im Alltag und bei Naturmaterialien genau um und suche Dinge, die Mandalaformen haben. Hier ein paar Tipps und was du dazu machen kannst, um die Muster festzuhalten:

- Schneide einen Apfel quer durch, mal die Hälfte mit kräftiger Wasserfarbe an und drucke sie auf ein Blatt Papier. So hast du eine wunderschöne Sternform.
- Lege ein Blatt Papier auf eine Baumscheibe und reibe mit Wachskreide darüber. Das Frottagebild zeigt gut die Jahresringe des Holzes.
- Schneide eine Zitrone quer durch und drücke sie leicht auf das Papier. Was siehst du, wenn du das Papier vorsichtig (!) über einer Kerzenflamme bewegst?
- Untersuche Schneeflocken mit der Lupe. Du erkennst unterschiedlichste Muster.

Untersuche noch allerlei Pflanzen, Blumen, Früchte, Samen, aber auch Wassertropfen, Lichtschein und vieles mehr!

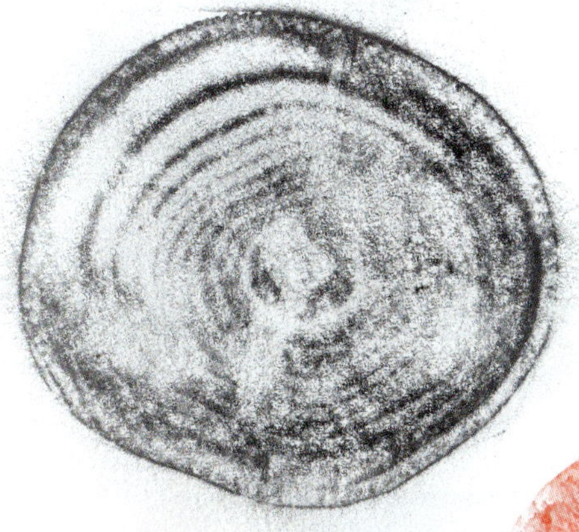

Nellis Traumfänger

Material:
dünne Weidenrute, Garn, Perlen, Federn, Bänder

Die Naturvölker der Erde hatten und haben einen sehr starken Bezug zur Natur ihrer Landschaft. Sie lebten und leben in und mit der Natur. Daher wussten sie genau darüber Bescheid und gingen mit Gefühl mit Naturerscheinungen und Lebewesen um. Was sie machten, ob Werkzeug, Kleidung oder Schmuck, bestand aus Materialien der Natur, aus Astholz, Rinde, Pflanzenfasern, Darmschnüren, Fell, Federn und vielem mehr.

Ein Traumfänger ist ein besonderer indianischer Schmuck, der wie ein Spinnennetz gewebt wird und den Schlaf beschützt. Dazu gibt es unterschiedliche Legenden der Indianervölker. Ins Fenster oder in den Eingang des Tipis gehängt, soll er nur die guten Träume durchlassen und die bösen einfangen. Die lässt die Morgensonne am nächsten Tag dann verschwinden.

Ein zu einem Kreis gebogener Zweig mit netzförmig gespannten Fäden bildet das Grundmuster, das mit allerlei Natursachen verziert wird.

Eine elastische, frische Weidenrute – so werden die dünnen, langen Triebe des Weidenbaums genannt – biegst und flichtst du zu einem Ring.

Mach das Garn am Ring fest. Wie bei einem Spinnennetz spannst du die Fäden kreuz und quer durch den Kreis. Am Weidenreifen bindest du sie jeweils fest. Verknüpfe die Fäden auch dort, wo sie sich mit anderen kreuzen. So erhältst du ein Netz.

Schon während du die Fäden spannst, fädelst du ein paar Perlen auf, die somit im Geflecht drinnen sind. Nach jedem Mal Verknüpfen nimmst du eine oder mehrere Perlen auf den weiteren Faden. Auf diese Weise spannst und knüpfst du das Netz und webst gleichzeitig Perlen hinein.

An der unteren Hälfte des Traumfängers bindest du Perlen und Federn an.

Häng den Traumfänger auf. Vielleicht fängt er deine Träume auf oder hält schlechte Träume ab. Jedenfalls schmückt er schön dein Zimmer.

Indianerauge

Eine feine Bastelarbeit, die fast nebenbei zu machen ist, ist das „Indianerauge".

Material:

dünne Holzstäbchen (z. B. wie für Obstspieße), große Streichhölzer oder Weidenzweige,
Wolle,
vielleicht Holzperlen für die Enden

Lege zwei Hölzer zu einem Kreuz, drei gekreuzte Hölzer bilden einen Stern.

Damit die Hölzer gut in der Hand liegen, lass dir von einem Erwachsenen ein Stäbchen in der Mitte einritzen, sodass das zweite Stäbchen durch den Schlitz gesteckt werden kann.

Binde den Wollfaden in der Mitte an einem der Zweige fest, sodass er an der Kreuzung ist.

Nun spannst du den Faden zum Nachbarzweig, wickelst ihn einmal rund um das Holz und spannst ihn weiter zum nächsten Zweig, wickelst ihn wieder rundherum und spannst ihn zum nächsten Zweig … und immer weiter, bis der Faden zu Ende ist. Binde einen neuen Faden in anderer Farbe an den ersten und webe weiter.

Wichtig ist, dass du immer von derselben Seite um das Stäbchen wickelst – also am besten von unten herum.

Zum Schluss knüpfst du den Faden an einem der Zweige fest, machst eine Schlinge und hängst das Indianerauge auf. Viele Indianeraugen können auch ein feines Mobile bilden.

Material:

Walnüsse, Nussknacker,
Eierkartons,
Zwirn oder Garn,
Flüssigkleber,
Plakafarben oder Kinderlack, Pinsel,
Malbecher und Malfetzerl (-lappen)

Bunte Nüsse

Wenn im Herbst die Nüsse reif werden, hat der Nussknacker Hochbetrieb. Bunte Nüsse sind ein schönes und natürliches Dekorationsmaterial, das auch gut auf den Christbaum passt.

Beim Nüsseknacken musst du sehr behutsam sein, damit die Nuss nur an der Naht aufspringt und nicht gleich zu Bruch geht. Die ausgeputzten Nussschalenhälften sammelst du paarweise in Eierkartons, damit du die zusammenpassenden Hälften wiederfindest.

Den Rand der Nussschale streichst du mit etwas Kleber ein, klebst eine Schlaufe aus Zwirn oder Garn daran und die andere Nussschalenhälfte darauf. Die Nusshälften musst du fest zusammendrücken, bis der Kleber gut hält.

Sobald der Kleber trocken ist, bemalst du die Nuss mit kräftiger Farbe (zum Beispiel mit Rot, Gold) und hängst sie zum Trocknen auf.

Lyrik in der Nussschale

Im Raum unserer Kindergruppe steht ein großer Ast in einem Schirmständer. Das ist unser Gedichtebaum. Doch die Gedichte sind gut versteckt – in Nussschalen!

Die Kinder hatten nämlich die Idee, Gedichte, die sie verfasst hatten, winzig auf kleine Zettel zu schreiben und in eine Nuss zu verpacken, bevor diese zusammengeklebt und bemalt wurde.

Nun dürfen BesucherInnen, Eltern oder Gäste eine Nuss pflücken (manchmal gegen eine kleine Spende für unser Sparschwein) und sich ein Kinder-Überraschungs-Gedicht mit nach Hause nehmen.

Nussschalenkastagnetten

Nussschalen sind ziemlich hart und stabil, haben aber auch einen interessanten Klang. Nussschalenkastagnetten sind rasch selbst zu machen.

Material:

einige Nussschalenhälften,
Flüssigkleber oder Holzleim,
Karton,
Schere

Aus Karton (zum Beispiel von der Rückseite eines Zeichenblocks) schneidest du einen Streifen von 20 cm Länge und 4 cm Breite. Falte den Streifen in der Mitte, sodass er wie ein Krokodilmaul aussieht.

Am offenen Teil des „Krokodilmauls" klebst du die Nussschalenhälften an der Innenseite auf. Mach noch ein zweites Krokodilmaul mit Nussschalen und klebe zuletzt beide zusammen.

Halte die Kastagnette so, dass in jedem „Krokodilmaul" nahe der Knickstelle ein Finger, Zeigefinger und Mittelfinger, drin ist.

Schon kannst du mehr oder weniger rhythmisch klappern!

Material:

viele Kastanien,
Holzperlen,
Handbohrer,
Arbeitsbrett,
Garn und größere Nähnadel,
runde Baumscheibe,
kleine Nägel und Hammer

Kastanien-Schlenkerfiguren

Kastanien spielen im Leben von Kindern eine große Rolle. Es gibt vermutlich kein Kind, das nicht einmal mit Taschen voller Kastanien nach Hause gekommen ist. Diese frisch leuchtenden, kugeligen Früchte des Kastanienbaumes sind im Herbst das ideale Kinderspielzeug, das zum Sammeln, Kullern, Rechnen und Basteln geradezu einlädt.

So durchbohrst du die Kastanien mit dem Handbohrer: Du legst sie auf das Arbeitsbrett, hältst sie mit einer Hand fest und drehst langsam den Handbohrer von oben in die Kastanie.

Mit Nadel und Garn fädelst du ein paar Ketten aus Perlen und Kastanien auf. Die Ketten brauchen an einem Ende einen Knoten und am anderen Ende ein kleine Schlinge.

Durch die Schlinge nagelst du die Ketten an eine Baumscheibe an. Wenn du jetzt noch ein Gesicht auf die Baumscheibe malst, hast du eine Kastanien-Schlenkerfigur.

Texte oder Fotos auf gepressten Blättern

Einige der ältesten Schriftstücke sind auf Materialien aus Pflanzenteilen geschrieben. Schilffasern verarbeiteten die Menschen im Ägypten der Antike zu Papyrus.

Die Kinder unserer Kindergruppe verwendeten frisch gepresste Blätter.

Material:

Herbstblätter,
Pflanzenpresse,
Tusche,
feiner Haarpinsel
oder Letterndruckerei

Die gesammelten Blätter werden einige Tage in der Pflanzenpresse gut gepresst. Sie sollen schön glatt und ziemlich trocken, aber nicht dürr sein.

Mit einem feinen Haarpinsel und schwarzer Tusche kannst du nun das Blatt beschriften und verzieren.

So wie Papier kann ein Blatt frisch aus der Blumenpresse auch mit einer Letterndruckerei bedruckt werden.

Das „Schriftblatt" würde nicht lange so schön bleiben, sondern sich einrollen oder wellig werden. Mit einem Laminiergerät kann man es aber in eine Laminierfolie einschweißen. Nun ist es nicht mehr so umweltfreundlich, aber dauerhaft schön!

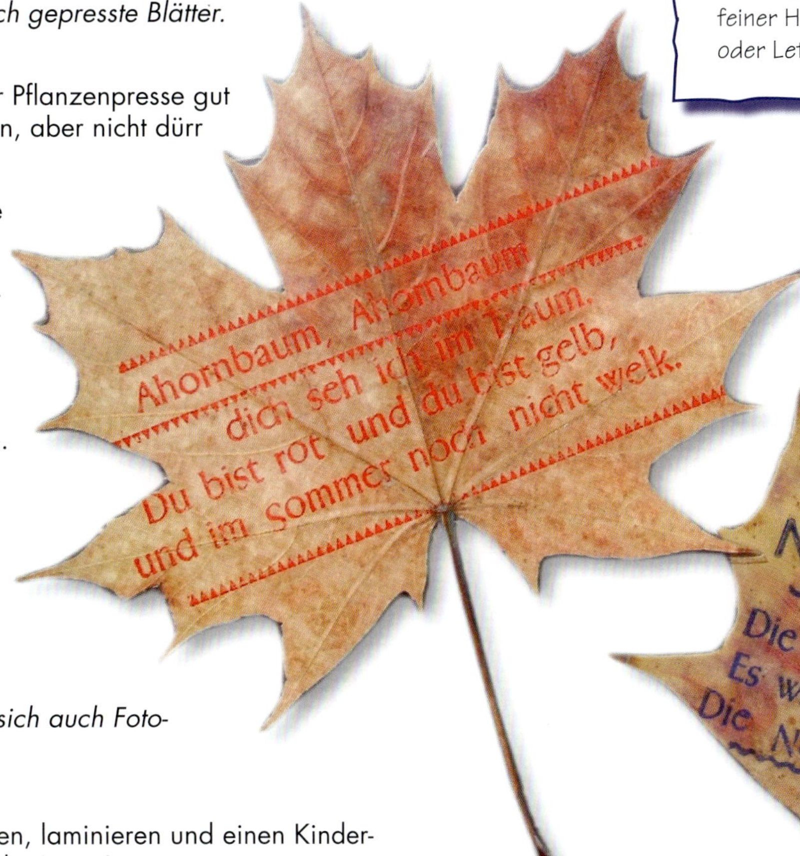

Blätter mit Kinderfotos

Als Schmuck für den Kindergruppenraum machen sich auch Foto-Blätter sehr gut.

Einfach auf das gepresste Blatt Kinderporträts kleben, laminieren und einen Kinder-Baum gestalten. Da freuen sich nicht nur alle BesucherInnen!

Maiskolbendruck

Der Herbst wird nicht nur Malermeister der Natur genannt, die Herbstzeit bietet eine Vielfalt an Gestaltungsmaterial und -möglichkeiten.

Blätter, Beeren und Früchte, aber auch Ernteabfälle können für viele kreative Arbeiten verwendet werden.

Material:

Maiskolben,
Wasserfarben,
Malbecher und Malfetzerl (-lappen),
Zeichenpapier

Zuerst entfernst du alle Körner vom Maiskolben, sodass nur die Rispen übrig bleiben. Solche Rispen findest du auch auf abgeernteten Maisfeldern.

Male mit deckender Wasserfarbe die Maiskolbenrispe an und roll damit ein Muster auf das Zeichenblatt.

Mach aber vorher einen Probedruck auf einer alten Zeitung, denn wie bei allen Druckbildern ist selten der erste Druck perfekt. Das braucht viele Versuche und etwas Geduld.

Maisblätterfrottage

Die Frottage ist eine Maltechnik, bei der eine strukturierte Unterlage durch Abreiben mit Farbe Spuren hinterlässt.

Viele Naturmaterialien eignen sich sehr gut dazu: Blätter, Baumrinde, Steine, Gräser und Halme erzeugen interessante Frottagemuster und lassen Details, Einzelheiten entdecken, die bei der bloßen Betrachtung oft gar nicht aufgefallen wären.

Frottagebilder laden ein zum Experimentieren und Erforschen von Mustern und Strukturen.

Hast du einmal damit begonnen, solche Bilder zu machen, kannst du gar nicht mehr aufhören. – Du wirst es selbst merken!

Material:

Maisblätter,
Wachskreidenblöcke oder
Grafitblöcke,
Zeichenpapier (nicht zu dick) oder
Schreibpapier

Du legst das Maisblatt unter das Zeichenpapier. Den Farbblock nimmst du quer in die Hand und reibst ihn immer in einer Richtung über das Papier.

Leg das Blatt an eine andere Stelle und frottiere mit einer anderen Farbe. Oder lege gleich zwei oder drei Blätter unter das Papier und frottiere so lange, bis das ganze Blatt voll von Mustern und Farben ist.

Bunte Schneckenhäuser

Hast du auch schon eine ganze Sammlung von Schneckenhäusern – kleine, große, helle, dunkle, gemusterte oder einfarbige?

Viele verlassene Schneckenhäuser haben ihre Farbe durch die Verwitterung verloren. Du kannst sie nach Belieben neu verzieren.

Material:

weiße Schneckenhäuser der Weinbergschnecke (die sind relativ groß), Aquarellstifte oder Buntstifte (die mit Wasserfarben vermalbar sind), Haarpinsel und Wasserbecher

Mit den Stiften malst du Linien auf das kalkige Weiß des Schneckenhauses.

Danach vermalst du die Farbe mit einem Haarpinsel und etwas Wasser.

Ein Schnecken-Stecken

Das Wort Schnecke ist ein beliebtes Reimwort. Du kannst gleich zu dichten beginnen.

Sieben kecke Schnirkelschnecken

Sieben kecke Schnirkelschnecken
saßen einst auf einem Stecken,
machten dort auf ihrem Sitze
kecke Schnirkelschneckenwitze.
Lachten alle so:
„Ho, ho, ho, ho, ho!“

Doch vor lauter Ho-ho-Lachen,
Schnirkelschneckenwitzemachen
fielen sie von ihrem Stecken:
alle sieben Schnirkelschnecken.
Liegen alle da.
Ha, ha, ha, ha, ha!

Josef Guggenmos

Aus Knetwachs formst du eine Schnecke und setzt eines deiner gefundenen Schneckenhäuser darauf.

Die Schnecke kann auch auf einem schönen Ast sitzen. Dir fallen sicher noch andere „Sitzgelegenheiten“ ein!

Kommen sechs weitere Schnecken dazu, hast du einen richtigen Schnecken-Stecken.

Windspiel mit Rohr

Getrocknetes Pflanzenmaterial erzeugt feine Geräusche und Klänge.

Material:

ein Stück Astholz,
Rohrstäbchen, etwa 15–20 cm lang, 1 cm breit,
Feinsäge und Handbohrer,
Bindfaden,
Nähnadel

Mit dem Handbohrer bohrst du in das Astholzstück alle 2 cm ein Loch.

Die Rohrstäbchen schneidest du mit einer Säge auf eine Länge von etwa 15–20 cm so ab, dass 1 cm vom oberen Ende eine Verdickung ist. Unter dieser Verdickung bindest du den Bindfaden fest. Mit der Nadel fädelst du den Bindfaden durch ein Loch des Astholzes und verknotest am oberen Ende.

Sind alle Rohrstäbchen am Astholz festgebunden, hängst du das Windspiel auf und kannst dem leisen Geklapper der Rohrstäbchen lauschen.